# 目錄

## 前　言

## 上篇　基本能力訓練

- ### 課堂一：紙手工

  任務一：單獨圖案的製作　　　　　　　　　　　　　10

  任務二：紙藝花的製作　　　　　　　　　　　　　　17

  任務三：吊飾的製作　　　　　　　　　　　　　　　25

  任務四：摺紙的製作　　　　　　　　　　　　　　　32

  任務五：節日裝飾的製作　　　　　　　　　　　　　38

  任務六：紙浮雕的製作　　　　　　　　　　　　　　44

- ### 課堂二：布手工

  任務一：布貼畫的製作　　　　　　　　　　　　　　52

  任務二：圓角名片袋　　　　　　　　　　　　　　　57

  任務三：布藝美食　　　　　　　　　　　　　　　　63

  任務四：布藝花　　　　　　　　　　　　　　　　　69

- ### 課堂三：泥手工

  任務一：超輕黏土立體製作　　　　　　　　　　　　76

  任務二：超輕黏土平面製作　　　　　　　　　　　　83

## 目錄

    任務三：彩泥場景的製作　　　　　　　　　　　　　　　90

- **課堂四：綜合材料手工**

    任務一：環保手工的製作　　　　　　　　　　　　　　　97

# 中篇　職業能力訓練

- **課堂一：小朋友表演遊戲**

    任務一：頭飾的製作　　　　　　　　　　　　　　　　　104
    任務二：面具的製作　　　　　　　　　　　　　　　　　110
    任務三：道具的製作　　　　　　　　　　　　　　　　　117
    任務四：角色服裝的製作　　　　　　　　　　　　　　　123

- **課堂二：幼稚園環境創設**

    任務一：幼稚園圓角的創設　　　　　　　　　　　　　　130
    任務二：幼稚園走廊的創設　　　　　　　　　　　　　　137
    任務三：幼稚園主題牆的創設　　　　　　　　　　　　　147

# 下篇　幼稚園活動實踐案例

- **課堂一：紙手工**

    活動一：撕貼—美麗的小花園（小班）　　　　　　　　　158
    活動二：圖形拼貼畫 —— 漂亮的小汽車 ( 中班)　　　　　159
    活動三：雕刻 —— 鏤空小狗（大班）　　　　　　　　　162
    活動四：立體紙藝撕紙 —— 重慶小麵（小班）　　　　　163
    活動五：立體紙藝 —— 摺紙活動：小魚的朋友（小班）　166

活動六：親子立體紙藝 —— 小小髮型師（中班） 169

活動七：立體紙藝 —— 銅梁龍（中班） 171

活動八：立體紙藝教案 —— 十二生肖爭第一（大班） 173

活動九：美工區立體紙藝遊戲 —— 可愛的指偶動物（中班） 177

- **課堂二：布手工**

  活動一：創意手工（布藝）—— 三隻蝴蝶（小班） 180

  活動二：創意手工（布藝）—— 漂亮的娃娃（中班） 181

  活動三：創意手工（布藝）—— 指偶製作（大班） 184

- **課堂三：泥手工**

  活動一：泥工活動 —— 搓麵條（小班） 188

  活動二：泥工活動 —— 小雞小鴨（中班） 191

  活動三：泥工活動 —— 特別的我（大班） 193

  活動四：泥塑活動 —— 好吃的點心（小班） 195

  活動五：泥塑活動 —— 可愛的動物（中班） 196

  活動六：泥塑活動 —— 我的全家福（大班） 197

- **課堂四：綜合材料手工**

  活動一：創意手工（線材）—— 下雨啦（小班） 200

  活動二：創意手工（線材）—— 奧運小人（大班） 202

  活動三：創意手工（環保材料）—— 鳥巢（大班） 204

  活動四：創意手工（環保材料）—— 冰棒棍相框（中班） 206

  活動五：創意手工（線材）—— 吸管花（大班） 208

  活動六：創意手工（石材）—— 石頭仙人掌盆栽（大班） 210

## 目錄

- **課堂五：小朋友表演遊戲**

  活動一：表演遊戲設計 —— 小蝌蚪找媽媽（小班） 213

  活動二：表演遊戲設計 —— 三隻小豬暢想曲（中班） 217

  活動三：表演遊戲設計 —— 金色的房子（中班） 221

  活動五：中班《三隻蝴蝶》表演遊戲方案設計 226

  活動五：表演遊戲設計 —— 森林爺爺（大班） 229

  活動六：表演遊戲設計 —— 老鼠嫁女（大班） 234

  活動七：親子繪本表演 —— 絢麗舞臺，為你喝彩（中班） 237

  活動八：表演遊戲方案 ——《愛心小交通警察》（大班） 243

- **課堂六：幼稚園環境創設**

  活動一：幼稚園門窗走廊裝飾活動設計 248

  活動二：幼稚園活動區材料放置 256

  活動三：幼稚園主題牆設計 261

# 前言

　　幼稚園手工活動是小朋友藝術教育中非常重要的一門學科。在實施小朋友藝術教育的過程中，我們發展了小朋友手工特色教學活動的實踐與探索，取得了一定成效。

　　本教材共分為基本能力訓練、職業能力訓練和幼稚園活動實踐案例三個部分。教材從中職學前教育專業的特點和需要出發，培養學前教育專業學生的動手操作能力、工作適應能力、思維能力、審美能力和設計能力，是一本既關注理論更注重實踐的教材。

　　本教材編寫具有以下幾個特色：

**1. 校園互動，實踐性強。**

　　本教材編寫邀請多家幼兒教育聯盟與幼稚園參與教材的研討，再透過大學學前教育專家指導，幼稚園一線教師參與編寫，教材實踐性強。

**2. 內容豐富，實用性強。**

　　本書介紹了紙藝、泥塑、布手工、廢舊物手工製作、創意手工等小朋友手工製作的常見類型；涉及紙、泥、布、廢舊物、自然物等多種普通的製作材料；學習了剪、刻、摺、捏、切、壓、黏貼接合等多種手工核心技法。

**3. 任務驅動，操作性強。**

　　本教材避免過多理論知識，堅持理論與實踐相結合，注重學生技巧訓練及方法製作詳解。在材料選擇上，強調易加工、易操作的簡便性；在任務操作技巧上，重在直觀明瞭、圖文並茂，使學生易學習、易掌握；在任務操作

# 目錄

的方法步驟中,突出規律性及實踐性,同時關注學生創新能力的培養,注重小朋友手工作品實用功能的發揮。

編者

# 上篇
# 基本能力訓練

課堂一：紙手工

# 課堂一：紙手工

# 任務一：單獨圖案的製作

## 一、任務目標

### (一) 終極目標
學會製作牛頭圖案。

### (二) 促成目標
1. 透過案例學習掌握不同類型的平面紙藝製作。
2. 能根據不同用途進行平面紙藝設計。

## 二、工作任務

設計和製作牛頭圖案。

## 三、任務導入

幼稚園的教室需要用剪紙作品來裝飾，請製作一個剪紙圖案專欄。請同學們根據需要，設計製作牛頭圖案剪紙，並填寫任務單，如表 1-1-1 所示。

表 1-1-1 任務單

| 名稱 | 立意構思 | 材料選擇 | 色彩搭配 | 整體造型 |
|---|---|---|---|---|
| 牛頭圖案 | | | | |

## 四、任務分析

根據裝飾需求，創作出具有傳統藝術內涵的剪紙作品，要注意4個方面。

### (一)立意構思

主題鮮明，具有民俗文化色彩。

### (二)材料選擇

紙的選擇要求不高，一般的影印紙、繪圖紙、色紙、宣紙都可用來製作剪紙，可根據作品用途選擇合適的紙張。

### (三)色彩搭配

以紅、黑、白為主要顏色，可根據立意造型選擇其他紙張顏色。

### (四)整體造型

作品生動形象，具有民俗文化元素，能充分體現設計能力和製作能力。

## 五、知識點睛

### (一) 平面紙藝的概念

平面紙藝又稱平面紙工藝，民間稱其為剪紙或刻紙，還可稱為窗花和剪畫。平面紙藝是在二維平面上透過去和留來刻畫和表現物體的一種藝術形式。它是一種鏤空藝術，運用線和面的結合，表現出物體的形態及明暗、虛實。

剪紙是人民群眾喜聞樂見的一種藝術表現形式，有著廣泛的群眾基礎。剪紙透過一些民間藝人的傳承和發揚，成功申報為中國的非物質文化遺產，成為民族藝術的瑰寶。它不僅是中華民族文化傳承的一部分，還在國際文化交流中起著越來越重要的作用。

### (二) 剪紙的陰刻和陽刻

陰刻和陽刻就是在刻製的過程中選擇去和留的兩種不同方法。陰刻就是

## 課堂一：紙手工

把主要形體刻去，保留周圍部分；陽刻是保留主要形體，把周圍部分去掉的一種方法。陰刻就是刻去主要部分的形象，如圖 1-1-1（a）所示。陽刻就是保留主要部分的形象，如圖 1-1-1（b）所示。但通常在剪紙作品中，兩種方法會同時運用，即混用法。這樣形象更加豐富，表現更有張力，如圖 1-1-1（c）所示。

圖 1-1-1 剪紙的刻製方法

**（三）剪紙的基本裝飾紋路**

剪紙的裝飾紋路是在實踐中總結出來的表現特定事物、美化事物的裝飾符號，可表現出一些特定的形體、質感、肌理的效果。常用的有水滴紋、月牙紋、幾何紋、雲紋、鋸齒紋等，有時在一幅作品中會用上好幾種裝飾紋路。

1. 水滴紋：一頭圓一頭尖，如水滴形，也叫雨點紋。紋路有線性變化，富有動感，用此方法表現的物體很多，具體有花瓣等，如圖 1-1-2(a) 所示。
2. 月牙紋：顧名思義，形象如一彎新月，兩頭尖，中間粗。此紋路常用於人物、動物的眼眉和身體上的裝飾，也可用於花瓣、樹葉、蘭葉的表現，長月牙紋也可用來表現衣紋，如圖 1-1-2(b) 所示。
3. 幾何紋：就是運用各種幾何形圖案來表現，是比較抽象的紋飾符號，如圖 1-1-2(c) 所示。
4. 雲紋：運用弧線的組合，形成雲朵的效果。傳統圖案中的如意就是

極具美感的紋飾符號，在傳統圖案中代表吉祥如意，多用於背景和物體間的牽絲搭橋，如圖 1-1-2(d) 所示。

5. 鋸齒紋：此紋路就是在裝飾面上剪出鋸齒的效果。由於虛和實相互咬合，形成視覺調合，造就出一個中間面，在表現明暗過渡上常用此法，也可用於表現動物的毛髮及毛髮的走向，如圖 1-1-2(e) 所示。在民間剪紙中，還有很多具備獨特名稱的紋路剪法，如民間剪紙中的太陽紋，實際上就是幾何圖案中的圓形圖案，只是另外賦予了它一個名稱，其他的這裡就不一一介紹了。在不同的剪紙中，各種圖案要靈活運用，切忌死板，製作時多推敲，多觀察。

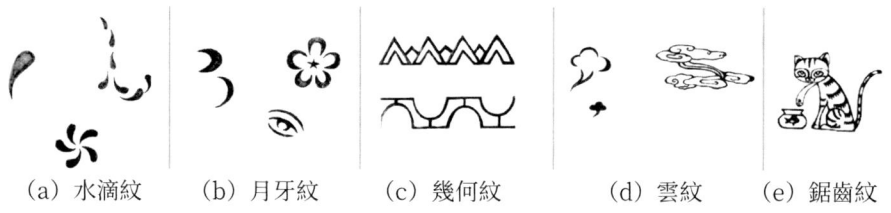

(a) 水滴紋　　(b) 月牙紋　　(c) 幾何紋　　(d) 雲紋　　(e) 鋸齒紋

圖 1-1-2 剪紙的基本裝飾紋路

## 六、製作方法

### (一) 工具和材料

民間剪紙主要是用剪刀，很多民間剪紙大師只用一把剪刀就可完成作品，但現在為了學生在學習時節約時間和提高效率，可以剪刀和刻刀混用。學生一般可用小號美工刀代替刻刀，專業一點的就可用手術刀，一般用刻刀刻裡面的小細節，剪刀剪大的形體和線條。

紙的選擇要求不高，一般的影印紙、繪圖紙、色紙、宣紙都可用來製作剪紙。本章內容就用彩色紙做示範。

另外，我們在畫設計稿時，為加粗線條可能會用到毛筆，學生可準備一支小白雲毛筆。

## 課堂一：紙手工

### (二) 色彩搭配

紅、黑、白等顏色是剪紙的傳統色，也可根據造型選擇其他顏色。

### (三) 製作步驟

1. 繪製圖案的線描繪草稿。
2. 畫裝飾線。
3. 線條加粗處理。
4. 刻製。
5. 裝裱。

## 七、任務評價

表 1-1-2 任務評價表

| 班級 | | 指導教師 | | 組長 | |
|---|---|---|---|---|---|
| 參加組員 | | | 作品名稱 | 得分 | |
| 評價指標 | 評價標準 | | 分值 | | |
| 造型 | 形象生動 | | 20 | | |
| 邊緣 | 線條流暢 | | 20 | | |
| 明暗 | 明暗處理得當 | | 20 | | |
| 刻制 | 精細，突出形象特徵 | | 30 | | |
| 安全 | 小心使用刀具，用完後統一保管 | | 10 | | |
| 得分 | | | | | |
| 小組自評（20%） | 小組互評（30%） | 教師評價（50%） | 綜合評價 | | |
| 備註 | 評價：優（A，85～100 分）、良（B，75～84 分）、合格（C，60～74 分）、不合格（D60 分以下），按相應等級字母或分數填入。 | | | | |

## 八、活動案例

### (一) 牛頭圖案製作構思

**1. 主題表達**

牛頭是簡筆劃中很有代表性的圖案，牛是溫順的動物，在傳統圖案中代表財富和吉祥，是人們喜愛畫的一種形象，學生學習牛頭的繪製也有助於動物簡筆劃的學習。

**2. 材料和工具**

白色稿紙、彩色紙、毛筆、墨水、剪刀、刻刀。

**3. 色彩搭配**

用棕色或土黃色的彩色紙來表現牛的皮膚顏色。

### (二) 牛頭圖案的製作步驟

**1. 繪製牛頭圖案的線描稿，如圖 1-1-3 所示。**

根據簡筆劃繪畫原理─任何複雜物體都可簡化成簡單的幾何形體來分析，可把牛頭分為幾個部分：臉、口鼻、眼睛、角和耳朵。

承上啟下的就是臉，所以先畫臉，臉的形狀可以用一個橢圓來概括。

圖 1-1-3 牛頭圖案的線描稿

## 課堂一:紙手工

(1) 首先畫一個橢圓,如圖 1-1-4(a)所示。
(2) 從兩邊畫橢圓的中線再下行畫一個紡錘形,整體像一個水瓢,如圖 1-1-4(b)所示。
(3) 下面再畫一個小橢圓,這樣,最主要的結構線就畫好了,這就是主線定位,如圖 1-1-4(c)所示。
(4) 畫出眼睛、角、耳朵、下嘴唇、鼻孔等細節,牛頭就畫出來了,如圖 1-1-4(d)所示。

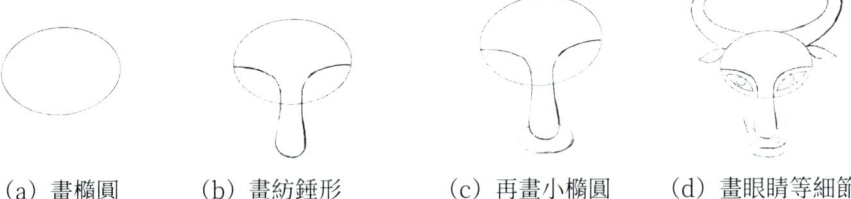

(a)畫橢圓　　(b)畫紡錘形　　(c)再畫小橢圓　　(d)畫眼睛等細節

圖 1-1-4 牛頭初步輪廓

### 2. 畫牛頭的裝飾線

牛頭的結構線畫好後,再畫牛頭的裝飾線,牛角上的短線表現的是牛角的紋理。牛額頭上大面積的空白就需要用裝飾紋路來處理,如圖 1-1-5 所示。

### 3. 線條的加粗處理

初稿完成後,就要對線條進行加粗處理,用毛筆勾勒,把單一的線變成面,方法如下。

(1) 把斷開的線條連成一體,不能出現單獨斷開的線,否則在剪製過程中會被剪斷,如圖 1-1-6 所示。
(2) 線條接頭處加粗,如圖 1-1-7 所示。
(3) 線條較長,周圍空白處較多時,可再加粗線條。
(4) 線條在起點走向終點變弱時強調其粗細變化。

(5) 反覆推敲，直到滿意為止，如圖 1-1-8 所示。

圖1-1-5畫牛頭裝飾線 　圖1-1-6眼睛的處理 　圖1-1-7線條接頭處加粗（前、後）　圖1-1-8最後的牛頭圖案

### 4. 刻製

稿子修飾完成後，就可以進行刻製。用刀刻去畫面中的白色部分即沒畫墨汁的部分。刻制之前仔細檢查有無單獨未連接的線條。刻製原則是先刻圖案裡面的留白，當然也可根據自己的習慣，從一邊開始刻。本幅圖中眼睛是最細緻的部分，建議從眼睛開始刻製。裡面所有的留白都刻掉後，再用剪刀剪出外輪廓。

### 5. 裝裱

把完成後的作品加一個底子，就可以了。

# 任務二：紙藝花的製作

## 一、任務目標

### (一)終極目標

學會製作向日葵。

## 課堂一：紙手工

### (二) 促成目標

1. 透過案例學習掌握不同類型的紙藝花製作。
2. 能根據不同用途和贈送物件進行紙藝花設計。

## 二、工作任務

設計和製作紙藝花—向日葵。

## 三、任務導入

兒童節快到了，小樂老師想把教室裝飾得漂漂亮亮的，她準備了綠色、黃色等彩色紙，打算製作一些美麗的花朵。希望你能幫她設計，並完成紙藝花—向日葵的任務單填寫，見表1-1-3。

表 1-1-3 任務單

| 名稱 | 立意構思 | 材料選擇 | 色彩搭配 | 整體造型 |
| --- | --- | --- | --- | --- |
| 向日葵 |  |  |  |  |

## 四、任務分析

圍繞任務環境，創作出優美的紙藝花作品，要注意4個方面。

### (一) 立意構思

主題鮮明，積極健康。

### (二) 材料選擇

針對不同花朵的造型和色彩，選擇表現力適合的紙張，注意環保。

### (三) 色彩搭配

色彩鮮明、豐富，搭配協調、美觀。

### (四) 整體造型

作品生動活潑，有真實感，有整體美感，能充分體現作者的設計能力和

製作能力。

## 五、知識點睛

### (一)紙藝花的概念

紙藝花是以各種紙材為主要材料，根據不同品種的鮮花的花形結構及特徵仿製而成的一種模擬花，具有真實美感。

### (二)紙藝花的特點

1. 材料價廉易得。紙是中國四大發明之一，種類繁多，價格較低，使用普遍，是紙藝花普通的創作材料。
2. 材料的可塑性高。紙有極強的表現力，能達到花朵形象逼真、栩栩如生的效果。
3. 工藝簡單易學。可隨意創造造型、花色，還能培養觀察力、想像力、創造力，培養耐心細緻的工作習慣，在製作中體驗無限的樂趣和成就感。

### (三)紙藝花的用途

隨著人們生活水準的不斷提高，人們的精神生活和審美情趣也在發生變化，對藝術品、裝飾品的需求越來越大，對工藝品的品質、工藝、綠色環保和獨特性的要求越來越高。紙藝花源於自然，貼近生活，追求個性品位和自我訴求表達，為忙碌的生活注入知性之美，以精美時尚、栩栩如生的外觀吸引著大家的目光。

紙藝花不但具有觀賞性，還具有很強的實用性。根據需要，紙藝花可以做成花束、花環、花籃、花門、壁花、捧花、盆花等美化環境，在節日、迎賓、演出、婚禮等不同場合使用。

課堂一：紙手工

## 六、製作方法

### (一) 工具材料

各色手揉紙、皺紋紙、紙藤、鐵絲、雙面膠帶、三秒膠、美工刀、剪刀。

### (二) 色彩搭配

選擇色彩豐富、鮮豔的紙張，儘量符合花朵的真實色彩，會使做出的作品更加栩栩如生。

### (三) 製作步驟

1. 製作範本：用硬紙板畫出各種花瓣和葉片造型。
2. 裁剪範本：以製作好的紙板模型為樣板，利用工藝紙剪出相同形狀的花瓣和葉片。
3. 處理花瓣和葉片：使用拉伸、捲、裹等方法使其出現褶皺、弧形、捲曲等不同效果。
4. 黏貼花瓣：以綠色鐵絲為軸逐一黏貼，不同的花有不同的黏貼方法。
5. 花萼和枝葉：黏貼花萼，製作枝葉，用綠膠帶纏繞在綠色鐵絲莖上。
6. 整理造型：整理花朵，使花形飽滿，枝葉繁茂，還可以添加亮粉、水鑽、珍珠、絲帶等進行裝飾。

## 七、任務評價

同學們自由組合為 6 組，分別確定 6 個組長。利用各色手揉紙、皺紋紙，配上綠鐵絲、綠膠帶、絲帶、報紙、玻璃紙、緞帶等素材，製作紙藝花作品，並完成任務評價表，見表 1-1-4。

任務二：紙藝花的製作

表 1-1-4 紙藝花任務評價表

| 班級 | | 指導教師 | | 組長 | |
|---|---|---|---|---|---|
| 參加組員 | | | 作品名稱 | | 得分 |
| 評價指標 | 評價標準 | | 分值 | | |
| 構思 | 獨特有創意 | | 10 | | |
| 色彩 | 搭配協調，賞心悅目 | | 20 | | |
| 造型 | 造型準確，整體協調 | | 20 | | |
| 工藝 | 作品模擬度高，工藝精細 | | 20 | | |
| 整潔 | 完成後教室和桌面整理乾淨 | | 10 | | |
| 合作 | 與其他同學共同合作且合作良好 | | 10 | | |
| 安全 | 小心使用刀具，用完後統一保管 | | 10 | | |
| 得分 | | | | | |
| 小組自評（20%） | 小組互評（20%） | 教師評價（60%） | | 綜合評價 | |
| 備註 | 評價：優（A，85～100 分）、良（B，75～84 分）、合格（C，60～74 分）、不合格（D60 分以下），按相應等級字母或分數填入。 | | | | |

## 八、活動案例

### (一)向日葵的製作構思

#### 1. 主題表達

　　向日葵象徵太陽的照耀與光芒，象徵光明的未來和生活的希望。透過完成紙藝花—向日葵的製作任務，孩子能了解向日葵、感知向日葵；變得心胸寬闊，積極向上，更加熱愛生活，享受童年的快樂和幸福；培養動手能力和耐心細緻的做事習慣。

21

課堂一：紙手工

**2. 材料和工具**

（1） 材料：綠鐵絲，綠色紙膠帶，棕色、黃色、橘色、綠色皺紋紙，雙面膠，三秒膠。

（2） 工具：尖嘴鉗，剪刀。

**3. 色彩搭配**

金色的太陽花瓣，橘色和棕色的花蕊，作品顯得燦爛、明亮，欣欣向榮。

**(二)向日葵的製作步驟**

1. 把棕色紙藤剪成寬度為 3cm 左右的長條，用剪刀剪出流蘇邊，貼上雙面膠，緊緊捲在綠鐵絲上，製成花蕊，如圖 1-1-9（a）所示。
2. 把橘色紙藤剪成寬度為 5cm 左右的長條，用剪刀剪出流蘇邊，把每條流蘇邊扭轉一扭轉，使其更生動活潑，如圖 1-1-9（b）所示。
3. 橘色紙條貼上雙面膠，捲在棕色花蕊的外圈，如圖 1-1-9（c）所示。
4. 做小花瓣和大花瓣，小花瓣長度為 8cm 左右，大花瓣長度為 10cm 左右，如圖 1-1-9（d）所示。
5. 依序把小花瓣黏貼在花心上，在外圈繼續黏貼大花瓣，如圖 1-1-9（e）所示。
6. 把綠色紙藤剪成寬度為 6cm 左右的長條，製作花萼，如圖 1-1-9（f）所示。
7. 用綠色膠帶把花萼纏在綠色鐵絲上，如圖 1-1-9（g）所示。
8. 用綠色紙藤剪出 2 片葉片，如圖 1-1-9（h）所示，把綠色細鐵絲貼在中間。
9. 用綠色膠帶把花葉纏繞在莖稈上，如圖 1-1-9（i）所示。
10. 整理成型，如圖 1-1-9（j）所示。

任務二：紙藝花的製作

圖 1-1-9 紙藝花 —— 向日葵的製作步驟

( 三 ) 學生課堂練習

根據上面的知識介紹下列紙藝花（圖 1-1-10 至圖 1-1-13）的製作方法。

23

## 課堂一：紙手工

圖1-1-10

圖1-1-11

圖1-1-12

圖1-1-13

### （四）學生作品欣賞

圖1-1-14

圖1-1-15

圖1-1-16

圖1-1-17

圖1-1-18

圖1-1-19

圖1-1-20

圖1-1-21

### 練一練

1. 紙藝花—牡丹的製作。
2. 紙藝花—雛菊的製作。
3. 紙藝花—鬱金香的製作。
4. 設計製作3種創意花卉，記錄和交流創作過程中的製作要領。
5. 用「紙藝花的製作」內容，設計大班活動方案—《我的花園我做主》。

# 任務三：吊飾的製作

## 一、任務目標

### (一)終極目標
學會製作愛心雨吊飾。

### (二)促成目標
1. 透過案例學習掌握不同種類吊飾的製作方法。
2. 能根據不同主題獨立完成吊飾設計。

## 二、工作任務

設計和製作愛心雨吊飾。

## 三、任務導入

幼稚園是小朋友日常生活裡活動得最多的地方，環境布置應該順應小朋友的身心發展，起到啟蒙教育的作用。小朋友教師準備了藍色、大紅色、橘色、草綠色、粉色等彩色卡紙、瓦楞紙、皺紋紙，請你巧妙地裁剪黏貼，將這些彩色的紙材變成一個個精美的吊飾。請完成愛心雨吊飾的任務單填寫，見表 1-1-5。

表 1-1-5 任務單

| 名稱 | 立意構思 | 材料選擇 | 色彩搭配 | 整體造型 |
|---|---|---|---|---|
| 愛心雨吊飾 | | | | |

## 四、任務分析

圍繞任務環境，製作出幼稚園吊飾裝飾作品，要注意 4 個方面。

## 課堂一：紙手工

### （一）立意構思
可愛活潑，符合小朋友審美。

### （二）材料選擇
材料的選用，一定要滿足不同的物體質感不同的需要；也可廢物利用，提高環保意識。

### （三）色彩搭配
對於幼稚園環境來講，色彩只能明快，不可灰暗。

### （四）整體造型
要求作品能夠起到裝飾幼稚園的作用，並且各零件協調共處。

## 五、知識點睛

### （一）吊飾的概念
廣義的吊飾，顧名思義就是能吊掛並用來裝飾的飾物。我們所創作的幼稚園吊飾，是用來布置幼稚園環境的裝飾品。

### （二）吊飾的組成
1. 懸掛部分（起到固定作用）。
2. 主體部分（可以表達祈願）。
3. 修飾部分（更加美觀）。

### （三）吊飾的用途
幼稚園吊飾可以營造活潑、溫馨的氛圍，對小朋友的健康成長起到積極作用。從每一種材料到每一個造型、每一次活動，我們都要去了解它們所蘊含的教育價值。吊飾作品使我們的教學環境更加充滿生機與色彩，也讓孩子們在美好的事物中成長起來。各種各樣的吊飾為我們的生活增添情趣和色彩，節日的吊飾更增添了喜慶的氣氛。

## 六、製作方法

### (一)工具材料

各色卡紙、瓦楞紙、皺紋紙、KT 板、白膠、海綿膠、雙面膠、剪刀、棉線等。

### (二)色彩搭配

選擇色彩活潑、跳躍的多色紙材,會更符合小朋友的視覺特徵和審美需求。

### (三)製作步驟

1. 整體規劃:將需要的造型比例確定好,再將其零件畫於相對應的紙材上。
2. 裁剪零件:將已經畫好的零件,用剪刀裁剪好。
3. 黏貼成零件:將剪好的零件按需要黏貼成零件。
4. 組合零件:將做好的所有零件組合成作品,直至完成。

## 七、任務評價

同學們自由組合為 6 組,分別確定 6 個組長。利用彩色皺紋紙、卡紙、瓦楞紙,配上白膠、海綿膠、雙面膠、棉線等素材,製作吊飾作品,並完成表 1-1-6。

表 1-1-6 吊飾任務評價表

| 班級 | | 指導教師 | | 組長 | |
|---|---|---|---|---|---|
| 參加組員 | | | | 作品名稱 | |
| 評價指標 | 評價標準 | | | 分值 | 得分 |
| 構思 | 生動可愛,富有童趣,有獨特性 | | | 10 | |
| 色彩 | 搭配協調,賞心悅目 | | | 20 | |

## 課堂一：紙手工

| 造型 | 造型準確，比例合理、大小協調 | 20 | |
|---|---|---|---|
| 工藝 | 工藝簡單，材料廉價，製作細緻 | 20 | |
| 整潔 | 完成後教室和桌面整理乾淨 | 10 | |
| 合作 | 有良好的團隊意識 | 10 | |
| 安全 | 小心使用刀具，用完統一上交保管 | 10 | |
| 得分 | | | |
| 小組自評（20%） | 小組互評（20%） | 教師評價（60%） | 綜合評價 |
| 備註 | 評價：優（A，85～100分）、良（B，75～84分）、合格（C，60～74分）、不合格（D，60分以下），按相應等級字母或分數填入。 | | |

## 八、活動案例

### (一) 愛心雨吊飾的製作構思

#### 1. 主題表達

下雨，是大自然的一種降水現象，它是由一顆一顆的小水珠從雲裡落下形成的。透過做愛心雨吊飾，孩子們能了解自然現象、感知愛的教育。做吊飾時，我們給雨賦予了新的意義，小水滴變成了濃情的愛心，讓愛灑滿人間每一個角落。過程中，培養孩子們搭配色彩的能力，畫面布局的能力。

#### 2. 材料和工具

(1) 材料：彩色卡紙、皺紋紙、KT板、海綿膠、白膠、雙面膠。

(2) 工具：剪刀。

#### 3. 色彩搭配

白色的雲，彩色的愛心雨。也可延伸出愛心雨的含義，根據想像搭配色彩。

## (二)愛心雨吊飾的製作步驟

1. 用皺紋紙和 KT 板分別剪出 12 個直徑 5cm 左右的圓,在不同顏色的卡紙上畫好各種大小的愛心,如圖 1-1-22(a)所示。
2. 用雙面膠將剪好的皺紋紙和 KT 板黏貼好,如圖 1-1-22(b)所示。
3. 裁剪一張藍色的矩形卡紙,長寬超出 25cm 一點,如圖 1-1-22(c)所示。
4. 將矩形卡紙用雙面膠黏貼成圓筒狀,如圖 1-1-22(d)所示。
5. 剪五根白色卡紙條,用白膠黏貼在圓筒上。再把之前準備的圓片依大小次序黏貼,形成雲朵,如圖 1-1-22(e)所示。
6. 把剪好的各種顏色的愛心擺放在白色紙條上,顏色搭配要合理,如圖 1-1-22(f)所示。
7. 在愛心背後貼好海綿膠,營造光影感,如圖 1-1-22(g)所示。
8. 依照自己喜愛的配色黏貼好愛心,有的地方可以將愛心重疊,增添樂趣,如圖 1-1-22(h)所示。
9. 最後,在圓筒裡將皺紋紙扭轉成掛繩,完成作品,如圖 1-1-22(i)所示。

## 課堂一：紙手工

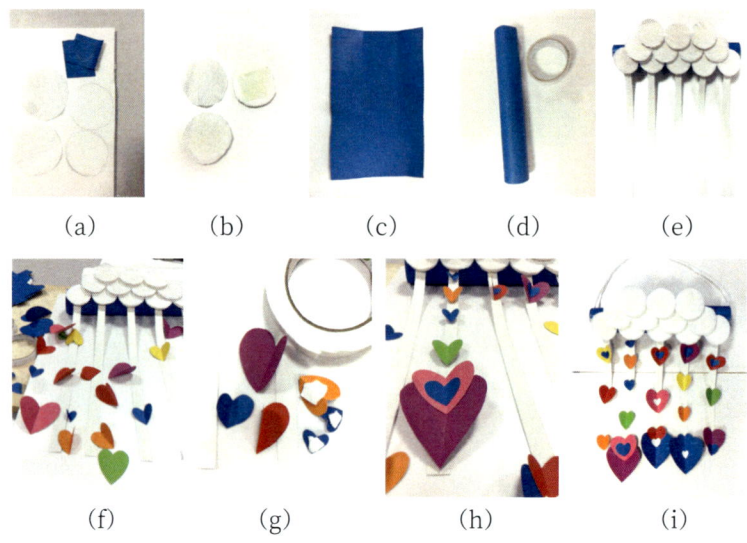

圖 1-1-22 愛心雨吊飾的製作步驟

## 任務三：吊飾的製作

### (三)學生作品欣賞

圖 1-1-23　　　圖 1-1-24　　　圖 1-1-25　　　圖 1-1-26

圖 1-1-27　　　圖 1-1-28　　　圖 1-1-29　　　圖 1-1-30

### 練一練

1. 完成蜜蜂採花吊飾的製作。
2. 完成海洋世界吊飾的製作。
3. 完成空中房屋吊飾的製作。
4. 為兒童節教室吊飾的設計與製作。
5. 根據本任務，設計大班活動的教室吊飾方案—《春天來啦》。

課堂一：紙手工

# 任務四：摺紙的製作

## 一、任務目標

### (一)終極目標
學會製作摺紙青蛙。

### (二)促成目標
1. 學習掌握摺紙製作方法，完成教具、玩具的製作。
2. 能用自己做的摺紙在教室後牆上布置摺紙劇場。
3. 能用摺紙作為吊飾布置教室。

## 二、工作任務

設計和製作摺紙青蛙。

## 三、任務導入

今天，小陳老師帶小朋友們布置一個大森林主題的展示板。森林裡有繁盛的大樹，有潺潺的小溪，有奇形怪狀的岩石，有色彩鮮豔的花朵⋯⋯咦？這個森林好像少了什麼？少了可愛的小動物！今天，我們要為大森林注入鮮活的小生命—可愛的動物。池塘裡應該有會跳的小青蛙，草地上應該有活潑的小白兔，樹林裡應該有霸氣的獅子。請完成小青蛙的摺紙任務單填寫，見表 1-1-7。

表 1-1-7 任務單

| 名稱 | 材料選擇 | 色彩搭配 | 整體造型 |
|---|---|---|---|
| 小青蛙 |  |  |  |

## 四、任務分析

圍繞任務環境,完成摺紙作品,要注意 3 個方面。

### (一)材料選擇

選擇表現力適合的紙張,注意環保。

### (二)色彩選擇

按動物的特徵選擇色紙。

### (三)整體造型

裁紙的時候注意邊緣裁切整齊,摺紙的時候將每次摺的地方對齊。做完以後,記得整理摺邊的角度讓作品更加自然。

## 五、知識點睛

### (一)摺紙的概念

摺紙是一種以紙張為素材,將紙張摺成各種不同形狀的藝術活動。

### (二)摺紙的特點

1. 摺紙主要使用的紙材非常容易取得,也具有超強的可塑性。
2. 摺紙作品可抽象、可具象,表現形式豐富。
3. 無論是幼年、青年,還是老年人,摺紙都是一種簡單易操作的開發智力的活動。

### (三)摺紙的用途

摺紙不僅僅是一種手工藝術,還是一種練練雙手與頭腦的好方法。摺紙對人都有大益處,無論是幼年、青年還是老年人,摺紙都可以鍛鍊手、眼、腦三位一體的協調性。另外,摺紙作品還是一種工藝品,我們可以用各種紙材做成紙簍、筆筒、兒童玩具、擺設等,不僅耐用美觀,還非常環保。教育孩子自己動手做摺紙玩具,不僅鍛鍊了孩子手、眼、腦的協調性,還讓他們逐漸形成勤儉節約的品質,增強他們的環保意識。

## 課堂一：紙手工

## 六、製作方法

### (一)工具材料

各色色紙、彩筆、剪刀。

### (二)色彩搭配

摺紙的顏色，通常根據具體事物本身的顏色進行選擇。當然，我們也鼓勵小朋友根據自己的喜好挑選顏色，製作出獨特的作品。

### (三)製作步驟

1. 選擇造型：在手工圖書或者網站上尋找自己需要的摺紙造型。
2. 選擇紙材：根據造型選擇不同材質的紙張。
3. 裁剪：紙材的原始形狀不一定符合我們的需要，所以要用工具將它裁剪成需要的形狀。
4. 摺紙：用各種摺法將紙材摺成需要的形狀。
5. 添加細節：部分摺紙作品需要用彩筆劃上細節，才會更加豐富，更加完美。

## 七、任務評價

利用各色色紙，根據需要的造型，完成作品，並填寫任務評價表，見表1-1-8。

### 表1-1-8 摺紙任務評價表

| 班級 |  | 指導教師 |  | 組長 |  |
|---|---|---|---|---|---|
| 參加組員 |  |  | 作品名稱 |  |  |
| 評價指標 | 評價標準 |  | 分值 | 得分 |  |
| 構思 | 作品有新意 |  | 10 |  |  |
| 色彩 | 形象逼真，賞心悅目 |  | 20 |  |  |

| 造型 | 造型準確，整體協調 | 20 | |
|---|---|---|---|
| 工藝 | 作品結構穩定，做工精細 | 20 | |
| 整潔 | 完成後教室和桌面整理乾淨 | 10 | |
| 合作 | 與其他同學共同合作且合作良好 | 10 | |
| 安全 | 小心使用刀具，用完後統一保管 | 10 | |
| 得分 | | | |
| 小組自評（20%） | 小組互評（20%） | 教師評價（60%） | 綜合評價 |
| 備註 | 評價：優（A，85～100分）、良（B，75～84分）、合格（C，60～74分）、不合格（D，60分以下），按相應等級字母或分數填入。 | | |

## 八、活動案例

### (一) 摺紙小青蛙的製作

#### 1. 主題表達

小青蛙是兩棲動物，能在地上跳也能在水裡遊，還會發出「呱呱」的叫聲。透過完成摺紙青蛙的製作任務，孩子們認識青蛙、了解青蛙；教育孩子們不要捕捉人類的「小幫手」；透過「誰的青蛙跳得遠」比賽，孩子們充分享受活動的樂趣，從中學習「友誼第一，比賽第二」的理念。

#### 2. 材料和工具

(1) 材料：綠色色紙，黑色筆。

(2) 工具：剪刀。

課堂一：紙手工

### 3. 色彩搭配

青蛙的皮膚是綠色的，通常我們選擇綠色來表現青蛙。當然，你也可以發揮想像，運用其他顏色。

### (二) 摺紙青蛙的製作步驟

1. 首先拿一張正方形綠色摺紙，沿中軸線對摺成長方形，再將長方形對摺成小正方形，注意摺疊時對齊邊線，如圖 1-1-31（a）所示。
2. 展開第二次對摺，上方向下摺疊，對齊剛打開的摺痕，摺出摺痕再展開，如圖 1-1-31（b）所示。
3. 左上角對摺，下邊對齊摺痕，右邊對齊邊線，展開，右上角對摺做同樣的操作，展開，如圖 1-1-31（c）所示。
4. 拉起中間的摺痕，自上向下摺疊，如圖 1-1-31（d）所示。
5. 下半部分向上翻摺，對齊中間的摺痕，然後再打開，如圖 1-1-31（e）所示。
6. 下端左右兩邊分別向中間對摺，對準中間線，如圖 1-1-31（f）所示。
7. 下面的摺紙再次向上翻摺，左右兩邊分別向外翻摺一個角，壓出摺痕展開，如圖 1-1-31（g）所示。
8. 拉起摺角，先摺疊青蛙的兩條後腿，摺紙上端的三角形分別向上翻摺一個小角，摺疊出青蛙的前腿，如圖 1-1-31（h）所示。
9. 中間的正方形，從中間向上摺疊，然後將其中的一半再回摺過來，如圖 1-1-31（i）所示。
10. 把摺紙翻轉過來，用黑色筆劃上眼睛，會跳的小青蛙摺紙完成了，如圖 1-1-31（j）所示。

任務四：摺紙的製作

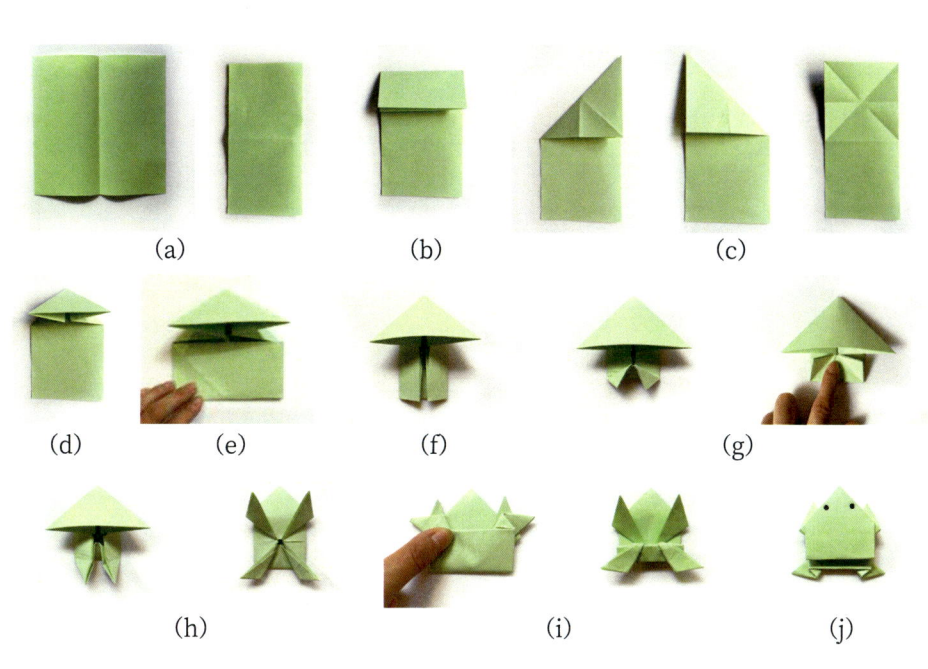

(a) (b) (c)
(d) (e) (f) (g)
(h) (i) (j)

圖 1-1-31 摺紙小青蛙製作步驟

## (三)學生作品欣賞

圖1-1-32　　圖1-1-33　　圖1-1-34　　圖1-1-35

圖1-1-36　　圖1-1-37　　圖1-1-38　　圖1-1-39

課堂一：紙手工

> **練一練**

1. 摺紙玫瑰的製作。
2. 摺紙蝴蝶的製作。
3. 摺紙風車的製作。
4. 製作 3 件需要組裝的摺紙作品，並和同學交流心得。
5. 運用摺紙知識，設計中班活動方案—《五彩的小魚》。

# 任務五：節日裝飾的製作

## 一、任務目標

### (一)終極目標

掌握節日拉花的製作。

### (二)促成目標

學習欣賞、製作拉花，能夠做出一種以上的拉花並能設計出多種用途。

## 二、工作任務

設計和製作節日拉花。

## 三、任務導入

1月1日是元旦，意味著新年到了；4月4日是兒童節，孩子們要慶祝自己的節日……在這些節日裡，我們的教室、走廊需要一些歡樂的元素，營造節日的氣氛，我們的院子好像少了一點節日的色彩，我們的屋子需要煥然一新。

小月、小美兩位老師採購了各種紙材：橘色色紙、藍色色紙、紅色色紙、

黃色色紙……我們要運用這些色紙，根據不同的節日製作各式各樣的裝飾拉花，請完成拉花的任務單填寫，見表 1-1-9。

表 1-1-9 任務單

| 名稱 | 立意構思 | 材料選擇 | 色彩搭配 | 整體造型 |
| --- | --- | --- | --- | --- |
| 拉花 |  |  |  |  |

## 四、任務分析

圍繞任務環境，創作出喜氣的節日作品，要注意 4 個方面。

### (一)立意構思

突出節日特徵，注意形式多樣。

### (二)材料選擇

依據不同的節日作品選擇適宜的紙材，從而滿足作品要求。

### (三)色彩搭配

選擇飽和度、明度相對較高的顏色來表現節日的喜慶。

### (四)整體造型

作品有整體美感，比例和諧，能展示出別出心裁的設計感。

## 五、知識點睛

### (一)節日裝飾的概念

節日裝飾是根據造型設計，將平面的紙張透過剪裁、黏貼、組合等加工手段形成立體裝飾物，並將其用於幼稚園室內環境創設和節日裝飾。

### (二)節日裝飾的特點

1. 節日裝飾普遍使用紙材，節約成本，環保美觀。
2. 節日裝飾形式多樣，紙材能很好地塑形，可以透過各種方式形成百

## 課堂一：紙手工

變的作品。

3. 節日裝飾作品的製作既可以鍛鍊孩子的動手、動腦能力，還能培養孩子的環保意識。

### (三) 節日裝飾的用途

為了使節日變得更加熱鬧，作為幼稚園裝飾品的節日裝飾發展出很多的樣式，可以很好地烘托出節日的熱烈氣氛，製作精美的還可以作為禮物互贈，表達美好的情意。

## 六、製作方法

### (一) 工具材料

各色色紙、卡紙，白膠，雙面膠，三秒膠，美工刀，剪刀，棉線（或魚線）等。

### (二) 色彩搭配

選擇顏色明豔的紙張，配色充滿喜慶的氣氛，多選用暖色更能展現喜氣洋洋的氛圍。

### (三) 製作步驟

1. 設計造型：確定節日裝飾的大小、形狀、比例。
2. 繪製範本：用鉛筆起稿，畫好各個零零件的形狀。
3. 裁剪範本：用剪刀剪下需要的零零件。
4. 黏貼範本：用各種膠將裁剪好的零零件黏貼到位。
5. 整理造型：用手按壓、拉伸，將作品整理好。
6. 黏貼棉線：用膠將棉線（或魚線）黏在需要掛起來的節日裝飾上，作品完成。

## 七、任務評價

同學們自由組合為 6 組，分別確定 6 個組長。利用各色色紙、卡紙，配上白膠、雙面膠、三秒膠、棉線等素材，製作節日裝飾作品，並完成任務評價表，見表 1-1-10。

表 1-1-10 節日裝飾任務評價表

| 班級 | | 指導教師 | | 組長 | |
|---|---|---|---|---|---|
| 參加組員 | | | 作品名稱 | | |
| 評價指標 | 評價標準 | | 分值 | 得分 | |
| 構思 | 有新意 | | 10 | | |
| 色彩 | 搭配協調，賞心悅目 | | 20 | | |
| 造型 | 造型立體，整體協調 | | 20 | | |
| 工藝 | 裁剪整齊，製作嚴謹 | | 20 | | |
| 整潔 | 完成後教室和桌面整理乾淨 | | 10 | | |
| 合作 | 與其他同學共同合作且合作良好 | | 10 | | |
| 安全 | 小心使用刀具，用完後統一保管 | | 10 | | |
| 得分 | | | | | |
| 小組自評（20%） | 小組互評（20%） | 教師評價（60%） | 綜合評價 | | |
| 備註 | 評價：優（A，85～100 分）、良（B，75～84 分）、合格（C，60～74 分）、不合格（D，60 分以下），按相應等級字母或分數填入。 | | | | |

課堂一：紙手工

## 八、活動案例

### (一) 節日拉花的製作構思

**1. 主題表達**

節日拉花主要用於烘托各種節日氣氛，用色可鮮豔明亮，從而展現一片愉悅的景象。透過任務，孩子能了解拉花裝飾，學會製作這種節日裝飾；教育孩子熱愛生活，注重生活情趣，享受製作手工的樂趣；培養孩子的審美能力以及對事情細心、耐心的態度。

**2. 材料和工具**

(1) 材料：彩色紙。

(2) 工具：尖嘴鉗、剪刀。

**3. 色彩搭配**

在配色上儘量選擇暖色系且飽和度較高的顏色，更能突出喜慶的氛圍。

### (二) 節日拉花的製作步驟

1. 拿一張正方形色紙，如圖 1-1-40（a）所示。
2. 將正方形紙的四角兩兩對摺，留下摺痕，如圖 1-1-40（b）所示。
3. 再將正方形四邊兩兩對摺，留下摺痕，如圖 1-1-40（c）所示。
4. 將留下摺痕的正方形展開來，如圖 1-1-40（d）所示。
5. 沿摺痕將正方形對摺成三角形，之後再將三角形對摺成更小的三角形（注意：對摺兩次），如圖 1-1-40（e）所示。
6. 用剪刀把三角形左右交叉剪開，每一次都不要完全剪斷，如圖 1-1-40（f）所示。
7. 小心地展開正方形，千萬不要使勁拉扯，如圖 1-1-40（g）所示。
8. 從中間往上拉起，小心不要拉斷，用手調整好形狀，拉花完成，如圖 1-1-40（h）所示。

任務五：節日裝飾的製作

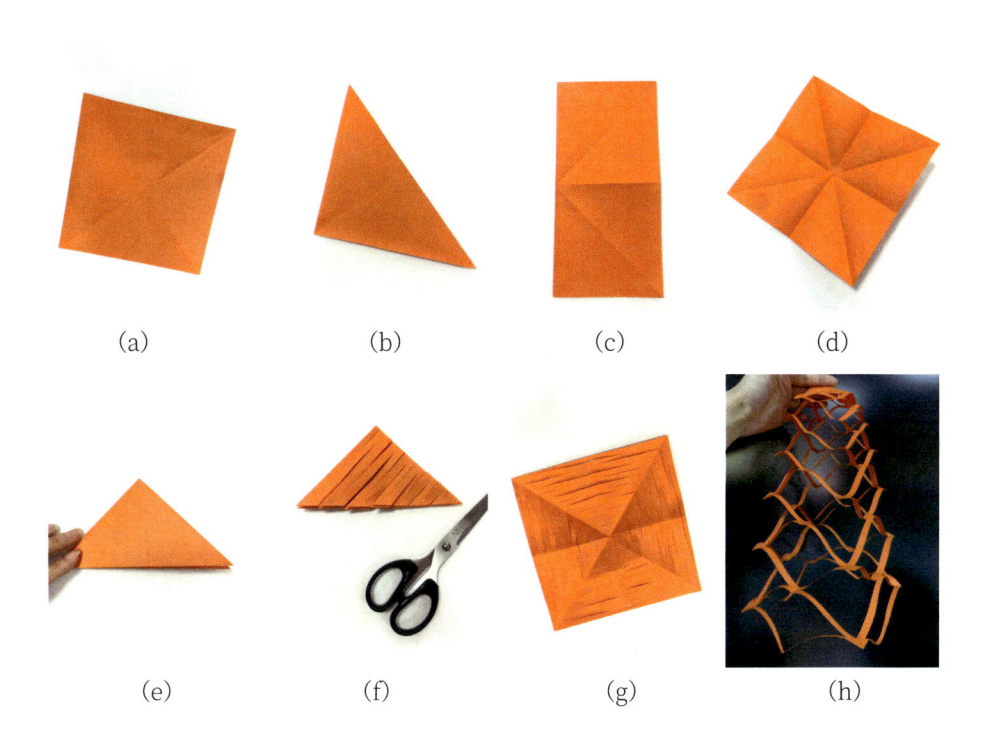

(a)　　　　(b)　　　　(c)　　　　(d)

(e)　　　　(f)　　　　(g)　　　　(h)

圖 1-1-40 節日拉花的製作步驟

課堂一：紙手工

(三)學生作品欣賞

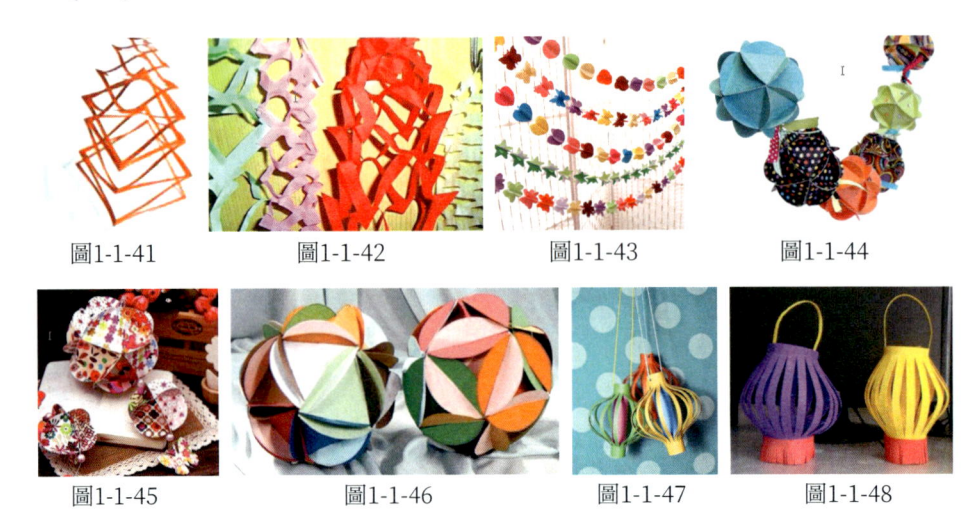

圖1-1-41　　　圖1-1-42　　　圖1-1-43　　　圖1-1-44

圖1-1-45　　　圖1-1-46　　　圖1-1-47　　　圖1-1-48

> **練一練**

1. 完成皺紋紙拉花的製作。
2. 完成紙花球的製作。
3. 完成紙杯燈籠的製作。
4. 設計製作3種創意裝飾，和同學交流設計理念。
5. 設計大班活動的教室裝飾方案—《溫馨的畢業晚會》。

# 任務六：紙浮雕的製作

一、任務目標

(一)終極目標

會製作小火車紙浮雕。

## 任務六：紙浮雕的製作

### (二)促成目標

1. 透過案例學習掌握不同類別紙浮雕的製作方法。
2. 能根據不同主題獨立完成紙浮雕設計。

## 二、工作任務

製作小火車紙浮雕。

## 三、任務導入

春天，幼稚園舉辦教師技巧大賽，美術老師們買來了不同顏色的卡紙，想準備幾幅紙浮雕作品參加比賽。完成小火車紙浮雕的任務單，見表1-1-11。

表 1-1-11 任務單

| 名稱 | 立意構思 | 材料選擇 | 色彩搭配 | 整體造型 |
|---|---|---|---|---|
| 小火車 |  |  |  |  |

## 四、任務分析

圍繞任務環境，創作出優美的紙浮雕作品，要注意 4 個方面。

### (一)立意構思

有明確的主題，內容積極正向。

### (二)材料選擇

紙浮雕作品通常選用的紙材為卡紙，卡紙有一定的硬度，有助於在操作的時候更好的塑形。

### (三)色彩搭配

整體色彩和諧，色彩豐富，選用顏色能表現物體特徵。

## 課堂一：紙手工

### (四)整體造型

作品構圖合理，有立體感，有整體美感，能展現精巧的做工。

## 五、知識點睛

### (一)紙浮雕的概念

紙浮雕是一種以紙為材料，使用剪子、刀具或者手來塑形，採用浮雕的形式來表現形象、體積及起伏轉摺關係的造型藝術。用切割、摺疊、黏貼、插接、組合等技法，形成半立體化形象，將其黏貼在紙上，在特定光線下以傾斜角度觀看，可產生浮雕效果。

### (二)紙浮雕的技法

1. 剪刻。
2. 摺疊。
3. 彎曲。
4. 切挖。
5. 壓。
6. 墊。
7. 其他輔助技巧：畫、染、燒、撕、皺、紮等。

紙浮雕製作加工的技巧多樣化，在具體的製作中，我們可以根據需要選擇一種或多種技巧相結合。

## 六、製作方法

### (一)工具材料

各色手揉紙、皺紋紙、紙藤、鐵絲、雙面膠、海綿膠、三秒膠、美工刀、剪刀。

## (二)色彩搭配

選擇色彩豐富、鮮豔的紙張,能表現物體本身的特色,使做出的作品更加栩栩如生。

## (三)製作步驟

1. 整體設計:將畫面大小確定好,並用鉛筆簡單畫出草圖。
2. 裁剪零件:將需要的零件用鉛筆在卡紙背面畫好,然後用剪刀剪好。
3. 零件造型:用切割、摺疊、黏貼、插接、組合等技法,將零件製作成需要的效果。
4. 黏貼零件:用海綿膠等膠類,將零件黏貼在背景紙上。
5. 整體造型:整理黏貼好的零件,使其重疊關係合理、邊緣整齊。

## 七、任務評價

同學們自由組合為 6 組,分別確定 6 個組長。利用各色卡紙、瓦楞紙,配上海綿膠等素材,製作紙浮雕作品,並完成任務評價,見表 1-1-12。

### 表 1-1-12 紙浮雕任務評價表

| 班級 | | 指導教師 | | 組長 | |
|---|---|---|---|---|---|
| 參加組員 | | | 作品名稱 | | |
| 評價指標 | 評價標準 | | 分值 | 得分 | |
| 構思 | 畫面有創新 | | 10 | | |
| 色彩 | 搭配協調,賞心悅目 | | 20 | | |
| 造型 | 比例適宜,整體和諧 | | 20 | | |
| 工藝 | 作品浮雕感強,做工細緻 | | 20 | | |
| 整潔 | 完成後教室和桌面整理乾淨 | | 10 | | |

課堂一：紙手工

| 合作 | 與其他同學共同合作且合作良好 | 10 | |
|---|---|---|---|
| 安全 | 小心使用刀具，用完後統一保管 | 10 | |
| 得分 | | | |
| 小組自評（20%） | 小組互評（20%） | 教師評價（60%） | 綜合評價 |
| 備註 | 評價：優（A，85～100分）、良（B，75～84分）、合格（C，60～74分）、不合格（D，60分以下），按相應等級字母或分數填入。 | | |

## 八、活動案例

### (一)小火車的製作構思

#### 1. 主題表達

乘火車一定是童年難忘的回憶之一，充滿著無窮的樂趣。製作小火車紙浮雕這一任務能讓孩子們感受童趣；教育孩子們維護公共設施，注意公共安全，熱愛生活，樂於享受童年時光；培養孩子們的動腦能力。

#### 2. 材料和工具

各色卡紙、瓦楞紙、白膠、海綿膠、剪刀。

#### 3. 色彩搭配

五彩斑斕的小火車、暖色的雲朵、淺色的小動物，搭配起來活潑、可愛。

### (二)小火車的製作步驟

1. 觀察畫面的構圖，可以在作為背景的卡紙上用鉛筆輕輕勾勒出物體擺放的位置，如圖 1-1-49（a）所示。

任務六：紙浮雕的製作

2. 在粉色卡紙上畫出鐵軌並剪下來，如圖 1-1-49（b）所示。
3. 再剪幾條白色瓦楞紙做成鐵軌，先擺一下，觀察大小比例合不合理並調整，如圖 1-1-49（c）所示。
4. 用卡紙剪出一個動物的零零件和小火車車廂，動物的臉用白膠黏貼好。火車車廂用瓦楞紙剪好，車輪用海綿膠黏貼，如圖 1-1-49（d）所示。
5. 重複上述步驟做好另外兩個動物和小火車車廂，如圖 1-1-49（e）所示。
6. 用 3 種綠卡紙剪出 3 個不同形狀的草堆，如圖 1-1-49（f）所示。
7. 用不同的黃色卡紙，剪出雲朵，如圖 1-1-49（g）所示。
8. 再拿出瓦楞紙，剪好火車的出氣口和氣體，如圖 1-1-49（h）所示。
9. 將所有的零零件用海綿膠黏貼好，注意黏貼順序，如圖 1-1-49（i）所示。

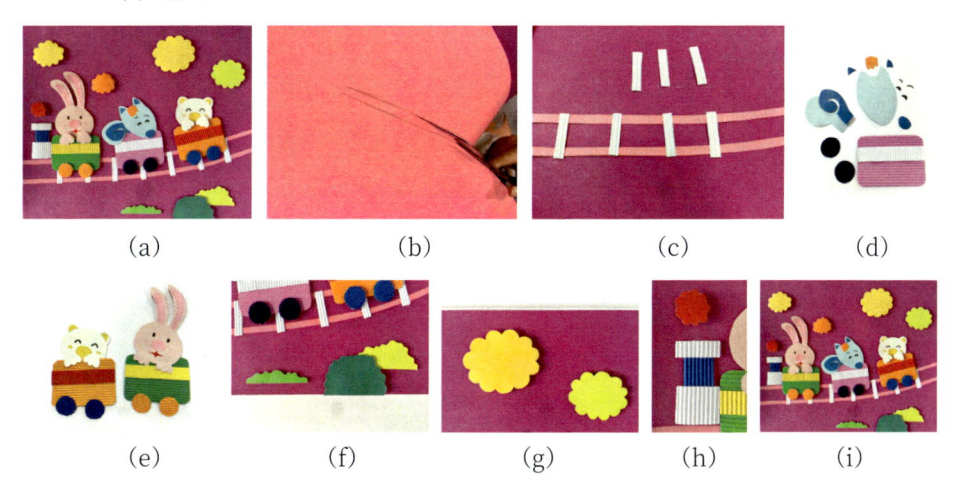

圖 1-1-49 紙浮雕小火車製作步驟

課堂一：紙手工

(三)學生作品欣賞

圖1-1-50

圖1-1-51

圖1-1-52

圖1-1-53

圖1-1-54

圖1-1-55

圖1-1-56

圖1-1-57

### 練一練

1. 完成花瓶與花紙浮雕的製作。
2. 完成農家小院紙浮雕的製作。

3. 完成昆蟲世界紙浮雕的製作。
4. 設計 2 幅用於教室裝飾、主題鮮明的紙浮雕作品。
5. 以紙浮雕任務內容，設計大班活動方案—《立體的臉》。

課堂二：布手工

# 課堂二：布手工

# 任務一：布貼畫的製作

## 一、任務目標

### (一)終極目標
掌握布貼畫《可愛的長頸鹿》的製作方法和步驟。

### (二)促成目標
1. 透過案例學習掌握不同布貼畫的製作。
2. 能根據不同主題設計不同的布貼畫造型。

## 二、工作任務

製作布貼畫《可愛的長頸鹿》。

## 三、任務導入

幼稚園開學了，舉辦了一個看圖講故事比賽。幼稚園大（1）班小朋友需要按照製作的可愛精美的布貼畫圖片發揮想像講故事，有《可愛的長頸鹿》《小熊的草莓園》《海底世界》三個故事配圖。在此提供了各種顏色鮮豔的海綿布，希望你能幫忙設計布貼畫《可愛的長頸鹿》，並完成任務單填寫。見表1-2-1。

任務一：布貼畫的製作

表 1-2-1 任務單

| 名稱 | 立意構思 | 材料選擇 | 色彩搭配 | 整體造型 |
|---|---|---|---|---|
| 可愛的長頸鹿 | | | | |

## 四、任務分析

圍繞任務環境，創作出可愛的布貼畫作品，要注意 4 個方面。

### (一)立意構思

主題鮮明，表達準確。

### (二)材料選擇

選擇容易掌握的海綿紙作為製作材料。

### (三)色彩搭配

色彩鮮明、豐富，搭配協調、美觀。

### (四)整體造型

作品造型飽滿，充分表達主題內容。

## 五、知識點睛

### (一)布貼畫的特點

布貼畫是以各種布料作為主要造型材料，經剪貼、重組構成的一種布藝裝飾畫。特點：工藝簡單、手法多樣、形式新穎、趣味性強，在平面中顯出不同效果的半立體感。製作中，利用布料的顏色、紋理、質感，透過剪、撕、黏等方法塑形。

### (二)布貼畫的應用

兒童布貼畫最好在兒童有一定手繪造型能力的基礎上，再運用相應材料進行製作。鍛鍊小朋友的動手裁剪、色彩搭配及把握物體比例和畫面構圖等綜合能力。製作精美、色彩豐富的布貼畫不僅有助於小朋友綜合能力的提

## 課堂二：布手工

升，還能在配圖講故事、牆面裝飾等活動領域有廣泛的運用。

## 六、製作方法

### (一)工具材料

各色海綿紙、卡紙、雙面膠、美工刀、剪刀。

### (二)色彩搭配

選擇色澤鮮豔的紙張，更符合小朋友的視覺特徵和審美需求。

### (三)製作步驟

1. 選擇主題：擬定主題並簡單構圖。
2. 設計造型：調整畫面中造型的細節。
3. 裁剪：將草圖作為樣板，利用各色海綿紙剪出各種形象。
4. 黏貼：將剪下的海綿紙造型根據形象和構圖黏貼在卡紙上。
5. 收尾：黏貼造型細節部分，可繪製一些背景，一幅布貼畫就完成了。

## 七、任務評價

同學們自由組合為 6 組，分別確定 6 個組長。利用彩色海綿紙、雙面膠等素材，製作布貼畫作品，並完成表 1-2-2。

表 1-2-2 任務評價表

| 班級 | | 指導教師 | | 組長 | |
|---|---|---|---|---|---|
| 參加組員 | | | 作品名稱 | | |
| 評價指標 | 評價標準 | | 分值 | 得分 | |
| 構思 | 生動可愛，富有童趣，有獨特性 | | 10 | | |
| 色彩 | 搭配協調，賞心悅目 | | 20 | | |
| 造型 | 造型準確，比例適中、大小協調 | | 20 | | |

| 工藝 | 工藝簡單，材料廉價，製作細緻 | 20 | |
|---|---|---|---|
| 整潔 | 完成後教室和桌面整理乾淨 | 10 | |
| 合作 | 與其他同學共同合作且合作良好 | 10 | |
| 安全 | 小心使用刀具，用完後統一保管 | 10 | |
| 得分 | | | |

| 小組自評（20%） | 小組互評（20%） | 教師評價（60%） | 綜合評價 |
|---|---|---|---|
| 備註 | 評價：優（A，85～100分）、良（B，75～84分）、合格（C，60～74分）、不合格（D，60分以下），按相應等級字母或分數填入。 |||

## 八、活動案例

### （一）可愛的長頸鹿製作構思

**1. 主題表達**

可愛的長頸鹿象徵正在成長的小朋友們，希望他們茁壯成長。製作布貼畫《可愛的長頸鹿》，讓孩子們了解長頸鹿的習性，認識長頸鹿的特點，培養孩子們熱愛生命、保護動物的意識。

**2. 材料和工具**

（1）材料：彩色海綿紙、卡紙。

（2）工具：雙面膠、剪刀、美工刀。

**3. 色彩搭配**

以黃色和綠色為主。

### （二）可愛的長頸鹿製作步驟

1. 繪製草圖：在空白卡紙上繪製出布貼畫的大致圖形與位置，如圖1-2-1（a）所示。

課堂二：布手工

2. 裁剪造型：將所需要的造型用海綿紙按照底稿形狀剪出，並放置整齊，如圖 1-2-1（b）所示。
3. 製作草坪：用剪刀在翠綠色海綿紙上剪出大大小小的鋸齒圖形，注意鋸齒要有大小、疏密變化，如圖 1-2-1（c）所示。
4. 黏貼：將剪好的鋸齒條狀草坪貼在淡綠色卡紙上，再把綠色的投影貼在草地上，並把剪好的長頸鹿與樹木黏貼在投影上面，最後把蘋果與蝴蝶花朵黏貼好，作品就完成了，如圖 1-2-1（d）～圖 1-2-1（g）所示。

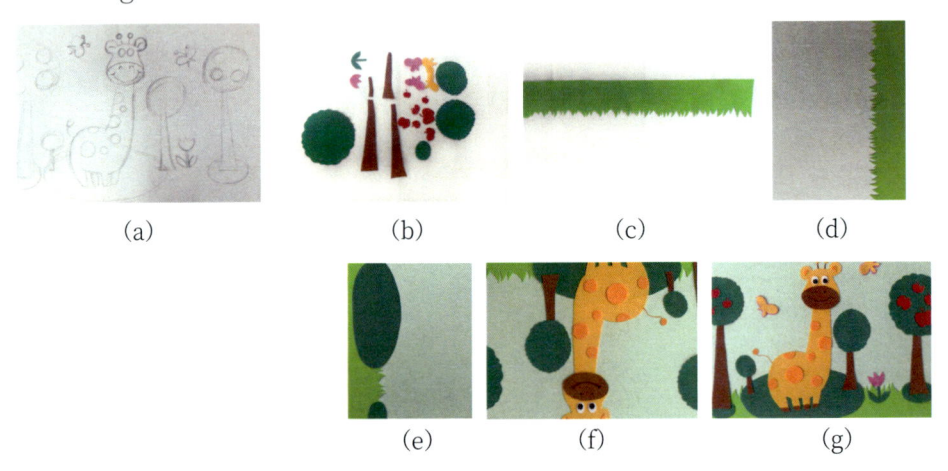

(a)　　　　　(b)　　　　　(c)　　　　　(d)

(e)　　　　　(f)　　　　　(g)

圖 1-2-1「可愛的長頸鹿」製作步驟

(三)學生課堂練習

圖1-2-2　　　　　圖1-2-3

### (四)學生作品欣賞

圖1-2-4　　　　圖1-2-5　　　　　　圖1-2-6　　　　　　圖1-2-7

**練一練**

1. 製作一幅《地球之家》布貼畫。
2. 製作一幅《快樂動物園》布貼畫。
3. 設計一幅主題布貼畫。

# 任務二：圓角名片袋

## 一、任務目標

### (一)終極目標

學會製作圓角名片袋。

### (二)促成目標

1. 學習裁剪、縫紉等技巧，掌握布類材料的運用。
2. 培養創新能力和空間立體思維。

## 二、工作任務

掌握圓角名片袋的製作方法和步驟。

課堂二：布手工

## 三、任務導入

在幼稚園裡，老師希望圓圓小朋友利用不織布來製作可愛的圓角名片袋、自己需要的隨身包、收納小物件的提籃等，為小朋友的日常活動提供方便。大家來幫圓圓設計並完成表 1-2-3 的任務單吧。

表 1-2-3 任務單

| 名稱 | 立意構思 | 材料選擇 | 色彩搭配 | 整體造型 |
| --- | --- | --- | --- | --- |
| 圓角名片袋 |  |  |  |  |

## 四、任務分析

圍繞任務主題，設計出實用又漂亮的手工名片袋，要注意 4 個方面。

### (一)立意構思

主題明確，實用性強。

### (二)材料選擇

利用各種顏色豐富的不織布製作。

### (三)色彩搭配

色彩鮮明、豐富，搭配協調、美觀。

### (四)整體造型

作品造型可愛、漂亮，能充分體現設計能力和製作能力。

## 五、知識點睛

### (一)不織布的特點

不織布是一種新型纖維環保材料，便宜且易於採購，具有色彩豐富、容易造型等特點。

## (二)基本縫製方法

1. 平針縫：由布片表面入針，往前約 0.5cm 處出針，以此類推往前進行，是最簡單、最常用的縫製方法。
2. 鎖邊縫：這種方法一般用來縫製織物的毛邊，以防織物的毛邊散開。
3. 包邊縫：簡單且實用，能起到很好的裝飾作用。

## 六、製作方法

### (一)工具材料

各色不織布、雙面膠、熱熔膠槍、美工刀、剪刀、針線、素材。

### (二)色彩搭配

選擇色澤鮮豔的不織布，更符合小朋友的審美需求。

### (三)製作步驟

1. 繪製草圖：設計包袋樣式草圖。
2. 裁剪：根據設計草圖利用各種不織布裁剪各部分。
3. 縫製：將包袋的主體部分進行縫製。
4. 組合：將縫製好的包袋主體透過縫製或黏貼與其他配件組合，完成該作品。

## 七、任務評價

　　同學們自由組合為 6 組，分別確定 6 個組長。利用彩色不織布等素材製作作品，並完成表 1-2-4。

課堂二：布手工

表 1-2-4 任務評價表

| 班級 | | 指導教師 | | 組長 | |
|---|---|---|---|---|---|
| 參加組員 | | | 作品名稱 | | |
| 評價指標 | 評價標準 | | 分值 | 得分 | |
| 構思 | 生動可愛，富有童趣，有獨特性 | | 10 | | |
| 色彩 | 搭配協調，賞心悅目 | | 20 | | |
| 造型 | 造型準確，比例適中、大小協調 | | 20 | | |
| 工藝 | 工藝簡單，材料廉價，製作細緻 | | 20 | | |
| 整潔 | 完成後教室和桌面整理乾淨 | | 10 | | |
| 合作 | 與其他同學共同合作且合作良好 | | 10 | | |
| 安全 | 小心使用刀具，用完後統一保管 | | 10 | | |
| 得分 | | | | | |
| 小組自評（20%） | 小組互評（20%） | 教師評價（60%） | | 綜合評價 | |
| 備註 | 評價：優（A，85～100分）、良（B，75～84分）、合格（C，60～74分）、不合格（D，60分以下），按相應等級字母或分數填入。 | | | | |

## 八、活動案例

### (一) 圓角名片袋的製作構思

#### 1. 主題表達

又到了活動時間啦！小朋友們都拿起自己的名片來到圓角，可是，那麼多名片很容易混淆，快來製作一個可愛的名片袋幫助小朋友們以後尋找自己的名片吧。

## 2. 材料和工具

準備：不織布、針線、剪刀、膠槍。

## 3. 色彩搭配

亮麗陽光的黃色主調，配以溫暖的橘色，給人以愉悅之感。

## (二)圓角名片袋的製作步驟

1. 選取一張黃色不織布，將圓角名片袋的外型與卡包的尺寸標繪在不織布上面，如圖 1-2-8（a）、圖 1-2-8（b）所示。
2. 將名片袋的內部細節部分繪製到不織布相應位置上，如圖 1-2-8（c）所示。
3. 選取其他相應顏色的不織布裁剪名片袋貓咪臉部的細節部分，擺放一邊，如圖 1-2-8（d）所示。
4. 將名片袋的背後和正面剪下擺放一邊備用，如圖 1-2-8（e）所示。
5. 把剛剛準備好的貓咪臉部細節和名片袋的正反面擺放在裁剪好的名片袋底面上，如圖 1-2-8（f）所示。
6. 將熱熔膠槍預熱後，把各個零件黏貼到名片袋底面上插入卡片就完成了，如圖 1-2-8（g）所示。

課堂二：布手工

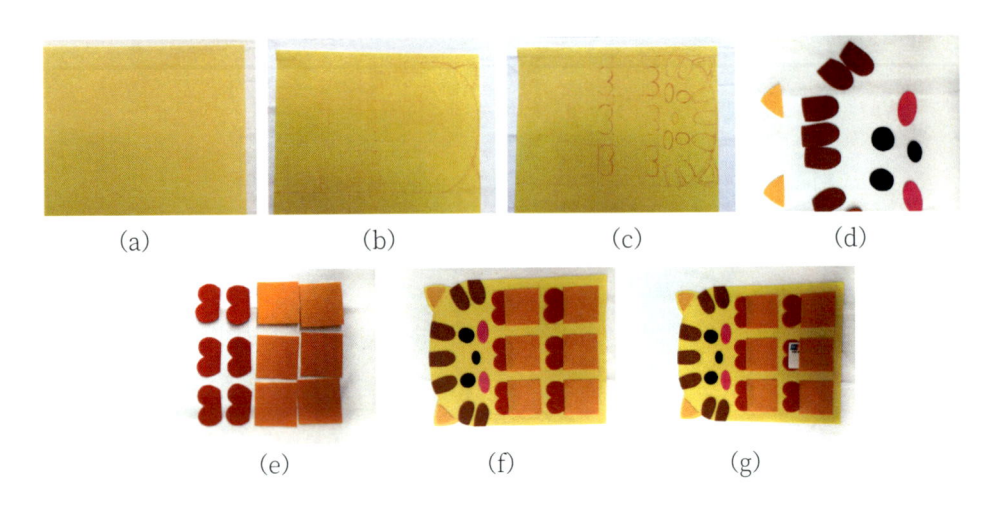

(a)　　　　　(b)　　　　　(c)　　　　　(d)

(e)　　　　　(f)　　　　　(g)

圖 1-2-8 圓角名片袋的製作步驟

## (三)學生課堂練習

圖1-2-9　　　圖1-2-10　　　圖1-2-11　　　圖1-2-12

## (四)學生作品欣賞

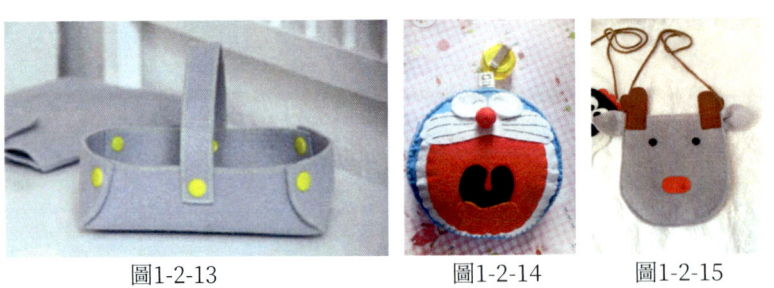

圖1-2-13　　　圖1-2-14　　　圖1-2-15

**練一練**

1. 製作一個可愛的斜背包。
2. 製作一個提籃。
3. 設計一個動物書包並製作。

# 任務三：布藝美食

## 一、任務目標

### (一)終極目標

掌握美味早餐的製作方法和步驟。

### (二)促成目標

1. 透過繪畫、裁剪、縫製，學習基礎手工製作技巧。
2. 訓練學生平面與立體結合的空間感。

## 二、工作任務

製作美味早餐。

## 三、任務導入

幼稚園要舉辦一個美食節，需要每個小朋友都販賣自己製作的手工食物，請填寫任務單，見表 1-2-5。

表 1-2-5 任務單

| 名稱 | 立意構思 | 材料選擇 | 色彩搭配 | 整體造型 |
|---|---|---|---|---|
| 美味早餐 | | | | |

課堂二：布手工

## 四、任務分析

圍繞任務環境，創作出作品，要注意 4 個方面。

### (一) 立意構思
觀察食物特徵，製作出有創意的美味早餐。

### (二) 材料選擇
用不織布和一些輔助材料進行裁剪縫製。

### (三) 色彩搭配
色彩鮮明、豐富。

### (四) 整體造型
作品生動，能表達食物本身的特點。

## 五、知識點睛

### (一) 布藝美食的特點
布藝美食是根據真實的食物的樣子進行設計和縫製，在造型上要求突出食物本身的特點及色彩，力爭做到最真實地還原食物。

### (二) 布藝美食的種類
布藝美食可以分為：蔬果類、糕點類、主食類等。

### (三) 布藝美食的用途
布藝美食的製作過程本身可以鍛鍊學生的動手能力和思維能力，製作好的布藝美食又能讓學生認識到生活中食物的特性，還能作為小朋友表演中的道具使用。

## 六、製作方法

### (一)工具材料

各色不織布、膠槍、美工刀、剪刀。

### (二)色彩搭配

選擇色澤鮮豔的不織布,更符合小朋友的視覺特徵和審美需求。

### (三)製作步驟

1. 繪圖:根據真實食物來繪製草圖。
2. 製版:將繪製好的草圖剪下當作範本。
3. 裁剪:範本墊上不織布,裁剪出需要的形狀。
4. 縫製:將需要縫製的部分縫製在一起。

## 七、任務評價

同學們自由組合為 6 組,分別確定 6 個組長。利用彩色不織布和針線等素材,製作食物作品,並完成表 1-2-6 的填寫。

表 1-2-6 任務評價表

| 班級 | | 指導教師 | | 組長 | |
|---|---|---|---|---|---|
| 參加組員 | | | | 作品名稱 | |
| 評價指標 | 評價標準 | | 分值 | 得分 | |
| 構思 | 生動可愛,富有童趣,有獨特性。 | | 10 | | |
| 色彩 | 搭配協調,賞心悅目。 | | 20 | | |
| 造型 | 造型準確,比例適中、大小協調。 | | 20 | | |

## 課堂二：布手工

| 工藝 | 工藝簡單，材料廉價，製作細緻。 | 20 | |
|---|---|---|---|
| 整潔 | 完成後教室和桌面整理乾淨。 | 10 | |
| 合作 | 與其他同學共同合作且合作良好。 | 10 | |
| 安全 | 小心使用刀具，用完後統一保管。 | 10 | |
| 得分 | | | |
| 小組自評（20%） | 小組互評（20%） | 教師評價（60%） | 綜合評價 |
| 備註 | 評價：優（A，85～100分）、良（B，75～84分）、合格（C，60～74分）、不合格（D，60分以下），按相應等級字母或分數填入。 | | |

## 八、活動案例

### （一）美味早餐三明治的製作構思

#### 1. 主題表達

美味早餐的製作過程可以讓學生體會製作一份真正早餐的感覺。作品製作活動能讓孩子養成吃早餐的好習慣，教育孩子營養早餐的重要性，培養孩子的縫製和設計能力。

#### 2. 材料和工具

彩色不織布、卡紙、素材、針線、剪刀、熱熔膠槍。

#### 3. 色彩搭配

以紅、黃、綠、白色為主。

## (二)美味早餐 —— 三明治的製作步驟

1. 裁剪麵包：按麵包的形狀在不織布上裁剪出各個零件，注意還要剪出兩塊比麵包片稍微小的硬質卡紙，如圖 1-2-16（a）所示。
2. 縫製麵包片：將麵包的零件縫製起來，在縫製之前先將剪好的硬質紙片放進麵包片裡，並把兩邊黏貼固定好，這是為了保護麵包的不被擠壓變形，如圖 1-2-16（b）所示。
3. 裁剪造型：按照圖 1-2-16（c）繪製圖案，並剪出備用。
4. 製作乳酪：將乳酪片的孔洞邊緣縫上一層淡黃色線條，讓它更為逼真，如圖 1-2-16（d）所示。
5. 製作番茄片：將番茄片的裡層縫製上黃色的小短線代表番茄的籽，並將裡層和外層縫合，如圖 1-2-16（e）所示。
6. 縫製菜葉：在綠色的葉片上縫上深色葉脈。注意葉脈的縫製要求針腳儘量密集一點才會有突起的感覺，針線的長短要隨著葉脈的走向有一定變化，如圖 1-2-16（f）所示。
7. 製作雞蛋：把雞蛋的一面縫上蛋黃，蛋黃裡面塞一點棉花，更加立體。然後將深黃色的布片黏貼在下方代表影子，如圖 1-2-16（g）所示。注意黏貼時要使用熱熔膠槍。
8. 擺放三明治：將製作好的麵包片擺放在最下面，然後依序往上擺放食材，一頓美味營養的三明治早餐就製作好了，如圖 1-2-16（h）所示。

課堂二：布手工

(a) (b) (c) (d)

(e) (f) (g) (h)

圖 1-2-16 美味早餐三明治的製作步驟

## (三)學生課堂練習

圖1-2-17　　　　　圖1-2-18

## (四)學生作品欣賞

圖1-2-19　　圖1-2-20　　　圖1-2-21　　　圖1-2-22

> **練一練**
> 1. 製作 1 種布藝的甜點。
> 2. 製作 3 種你最愛吃的食物。
> 3. 為小朋友美食活動設計製作一套食品道具。

# 任務四：布藝花

## 一、任務目標

### （一）終極目標
掌握布藝花—盛開的百合的製作方法和步驟。

### （二）促成目標
1. 透過案例的學習，掌握不同種類布藝花的製作。
2. 能設計出不同的布藝花造型。

## 二、工作任務

完成布藝花—盛開的百合的製作。

## 三、任務導入

馬上就要到竹子哥哥的生日了，大家準備了各種各樣的彩色不織布，想要為他製作一些漂亮的花朵來裝飾生日派對。大家一起來設計、製作，並填寫表 1-2-7 的任務單吧。

## 課堂二：布手工

表 1-2-7 任務單

| 名稱 | 立意構思 | 材料選擇 | 色彩搭配 | 整體造型 |
|---|---|---|---|---|
| 盛開的百合 | | | | |

### 四、任務分析

圍繞任務環境，創作出優美的布藝花作品，要注意 4 個方面。

#### (一)立意構思

主題鮮明，積極向上。

#### (二)材料選擇

根據不同花朵的造型和色彩來選擇材料，注意環保。

#### (三)色彩搭配

色彩鮮明、豐富，搭配協調、美觀。

#### (四)整體造型

作品生動活潑，有真實感，有整體美感，能充分體現設計能力和製作能力。

### 五、知識點睛

#### (一)布藝花的概念

布藝花是以各種不織布為主要材料，根據不同鮮花的形態、結構及特徵，仿製而成的一種模擬花，具有真實美感，並且能夠長期保存，美化環境。

#### (二)布藝花的特點

1. 材料容易獲取，並且色彩豐富、豔麗。
2. 材料的可塑性高，有極強的表現力，能達到花朵形象逼真、栩栩如生的效果。

3. 可隨意創造造型、花色，還能培養觀察力、想像力、創造力，培養孩子耐心細緻的生活習慣，在製作中體會無限的樂趣和成就感。

### (三)布藝花的用途

　　隨著人們生活水準的不斷提高，人們的精神生活和審美情趣也在發生變化，對藝術品、裝飾品的需求越來越大，對其品質、工藝、環保和獨特性的要求越來越高。布藝花源於自然，貼近生活，追求個性品位和自我訴求表達，為忙碌的生活注入知性之美。

　　布藝花形式多樣，可根據需要做成花束、花環、花籃等。

## 六、製作方法

### (一)工具材料

　　各色不織布、熱熔膠槍、美工刀、剪刀、綠色細膠棒。

### (二)色彩搭配

　　選擇色澤鮮豔的布料，更符合小朋友的視覺特徵和審美需求。

### (三)製作步驟

1. 繪製範本：繪製花朵的花瓣、花蕊、葉子。
2. 裁剪：根據範本裁剪出花朵的花瓣、花蕊和葉子。
3. 黏貼：將裁剪好的花朵各零件用熱熔膠槍黏貼在一起就完成了。

## 七、任務評價

　　同學們自由組合為 6 組，分別確定 6 個組長。利用彩色不織布和針線等工具材料製作花藝作品，並完成表 1-2-8。

## 課堂二：布手工

### 表 1-2-8 任務評價表

| 班級 | | 指導教師 | | 組長 | |
|---|---|---|---|---|---|
| 參加組員 | | | 作品名稱 | | |
| 評價指標 | 評價標準 | | 分值 | 得分 | |
| 構思 | 生動可愛，富有童趣，有獨特性。 | | 10 | | |
| 色彩 | 搭配協調，賞心悅目。 | | 20 | | |
| 造型 | 造型準確，比例適中、大小協調。 | | 20 | | |
| 工藝 | 工藝簡單，材料廉價，製作細緻。 | | 20 | | |
| 整潔 | 完成後教室和桌面整理乾淨。 | | 10 | | |
| 合作 | 與其他同學共同合作且合作良好。 | | 10 | | |
| 安全 | 小心使用刀具，用完後統一保管。 | | 10 | | |
| 得分 | | | | | |
| 小組自評（20%） | 小組互評（20%） | 教師評價（60%） | 綜合評價 | | |
| 備註 | 評價：優（A，85～100 分）、良（B，75～84 分）、合格（C，60～74 分）、不合格（D，60 分以下），按相應等級字母或分數填入。 | | | | |

## 八、活動案例

### (一)百合花的製作構思

**1. 主題表達**

百合一般寓意著順利、心想事成。盛開的百合的製作活動能讓孩子們了解百合花的象徵意義，引導孩子們感受生活的美好，學會贈予家人或朋友祝福，培養孩子的動手能力。

**2. 材料和工具**

彩色不織布、針線、剪刀、熱熔膠槍、綠色膠棒。

**3. 色彩搭配**

明亮的橘色花瓣配黃色花蕊。

### (二)盛開的百合製作步驟

1. 裁剪形狀：先剪出需要的布片，如圖 1-2-23（a）所示。在橘紅色的布片上畫出飽滿的柳葉狀並剪好備用。
2. 裁剪花蕊：將黃色布片剪出細碎的流蘇狀，再將橘紅色的葉狀花瓣對摺並縫合一小段中心線，如圖 1-2-23（b）所示。
3. 黏貼花蕊：將黃色流蘇狀的布條裹在膠棒上黏好，如圖 1-2-23（c）所示。
4. 製作花瓣：把五片葉狀花瓣均勻地黏在花蕊的周圍，注意調整好花瓣位置，黏貼時花瓣與花瓣之間不要有空隙，如圖 1-2-23（d）、圖 1-2-23（e）所示。
5. 整理造型：黏好花蕊與花瓣後，再黏貼一片葉子就完成了，如圖 1-2-23（f）所示。

課堂二：布手工

(a)　　　　　　　　(b)　　　　　　　　(c)

(d)　　　　　　　　(e)　　　　　　　　(f)

圖 1-2-23 盛開的百合的製作步驟

## （三）學生課堂練習

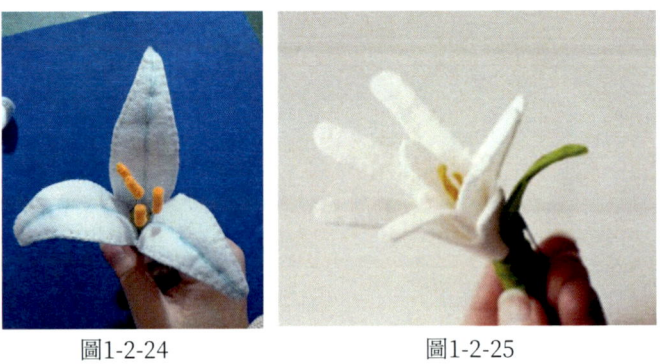

圖1-2-24　　　　　　　　圖1-2-25

## (四)學生作品欣賞

圖1-2-26　　　　　圖1-2-27　　　　　圖1-2-28　　　　　圖1-2-29

### 練一練

1. 布藝花—玫瑰的製作。
2. 布藝花—雛菊的製作。
3. 布藝花—繡球的製作。
4. 設計製作 3 種創意花卉，記錄製作過程。

課堂三：泥手工

# 課堂三：泥手工

# 任務一：超輕黏土立體製作

## 一、任務目標

### (一) 終極目標

學會製作超輕黏土立體小魚。

### (二) 促成目標

1. 透過案例學習並掌握用超輕黏土塑造單個物體的立體形象。
2. 能參照不同的物體形象圖片進行超輕黏土立體造型。

## 二、工作任務

製作超輕黏土立體小魚。

## 三、任務導入

星星幼稚園大 (1) 班的小朋友看了卡通劇《親親小寶貝》，對森林裡唱歌、跳舞的小動物產生了濃厚興趣。老師準備了綠、白、紅、黃、橘等各種顏色的超輕黏土和泥塑板，希望你能參與設計，並完成小魚的任務單填寫，見表 1-3-1。

表 1-3-1 任務單

| 名稱 | 立意構思 | 造型設計 | 色彩搭配 | 作品命名 |
|---|---|---|---|---|
| 小魚 |  |  |  |  |

## 四、任務分析

圍繞製作主題，透過立意構思、造型設計、色彩搭配和作品命名等學習任務，為製作出生動、活潑、有趣的超輕黏土立體造型做好規劃和學習準備。

## 五、知識點睛

### (一)超輕黏土材料的特點

超輕黏土，一種物美價廉的新型手工製作材料，由於具有易塑形、重量輕、定型快、材料安全衛生等特點，深受孩子們歡迎，在幼稚園手工學習活動中被廣泛使用。

### (二)超輕黏土立體作品的藝術特徵

超輕黏土立體作品具有三維立體效果，可以吸引小朋友從不同角度觀察物體，它要求製作者從前、後、左、右、上、中、下等方位對物體進行全方位塑造。

### (三)超輕黏土立體製作的基本技法

1. 搓：將黏土置於兩手掌中間或泥工板上，前後搓揉，成理想形狀，如圖 1-3-1（a）所示。
2. 團：將黏土置於掌心，兩手相對旋轉團揉，使其成球形，如圖 1-3-1（b）所示。
3. 壓：將黏土置於泥工板上或兩手掌中，相對用力將黏土壓扁，也可借助其他輔助工具，如圖 1-3-1（c）所示。

77

## 課堂三：泥手工

4. 挑：用工具在黏土上挑出需要的形狀，如圖 1-3-1（d）所示。
5. 切：用泥工刀將黏土切開，如圖 1-3-1（e）所示。
6. 剪：用剪刀將黏土剪出需要的形狀。此方法也可用於細節修剪，如圖 1-3-1（f）所示。
7. 接：將兩部分黏土連接起來的方法。可根據需要借助牙籤、木棍、白膠等材料進行連接，如圖 1-3-1（g）所示。
8. 劃：用工具在黏土上劃出紋路，以體現形象表面的肌理效果，如圖 1-3-1（h）所示。
9. 捏：大拇指與其他四指配合，將黏土捏出所需要的形狀，如圖 1-3-1（i）所示。
10. 刺：用牙籤或針在黏土上刺小洞的效果，如圖 1-3-1（j）所示。

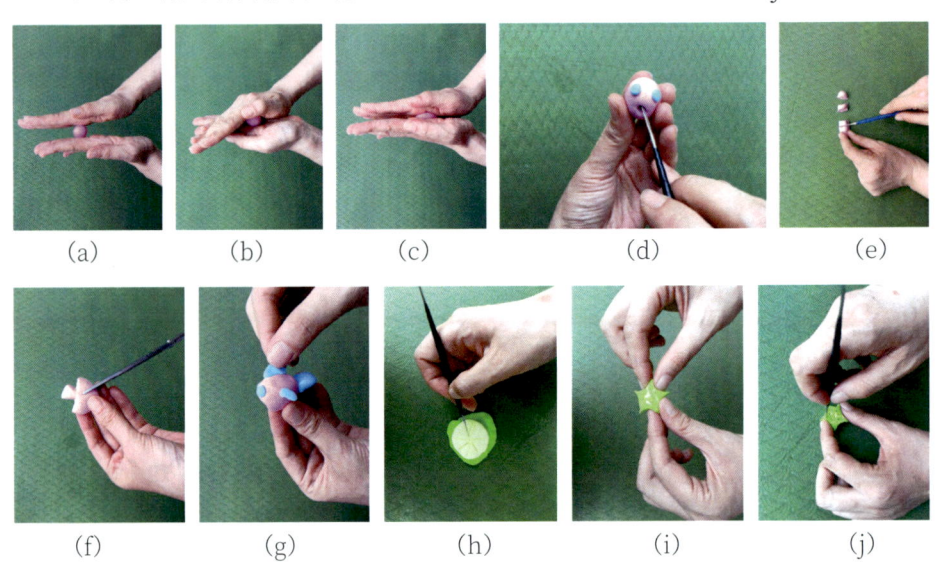

圖 1-3-1 超輕黏土製作的基本技法

## 六、製作方法

### 1. 立意

用超輕黏土製作的作品,色彩豐富,亮麗明快,造型多變。在製作時要抓住表現物件最有特點、最具趣味、最為生動的地方進行造型。例如製作動物形象時要注意其顏色、五官及四肢特點等。

### 2. 材料工具

(1) 材料:各種色彩的超輕黏土。

(2) 工具:泥工刀、泥工板、剪刀等。

### 3. 色彩搭配

選擇色彩鮮豔的黏土材料,更符合小朋友的視覺特徵與審美需求。

### 4. 製作步驟

根據製作的動物、植物的造型特點,選擇好顏色,運用搓、揉、壓、挑、切等方法進行製作,最後修改完善。

## 七、任務評價

同學們自由組合為 6 組,分別確定 6 個小組長。用超輕黏土製作立體造型作品,並完成任務評價表,見表 1-3-2。

### 表 1-3-2 任務評價表

| 班級 | | 指導教師 | | 組長 | |
|---|---|---|---|---|---|
| 參加組員 | | | 作品名稱 | | |
| 評價指標 | 評價標準 | | 分值 | 得分 | |
| 立意構思 | 想像豐富,富有童趣,有獨特性 | | 20 | | |

課堂三：泥手工

| 色彩搭配 | 用色大膽，且色彩搭配協調，賞心悅目 | 20 | |
|---|---|---|---|
| 造型表現 | 造型準確、生動，比例適中，錯落有致，製作精細 | 30 | |
| 行為習慣 | 自覺維護學習場所規則，安全使用工具和材料，自覺整理和收拾桌面 | 15 | |
| 團隊合作 | 友善相處，團隊協作，配合融洽 | 15 | |
| 得分 | | | |
| 小組自評（20%） | 小組互評（20%） | 教師評價（60%） | 綜合評價 |
| 備註 | 評價：優（A，85～100分）、良（B，75～84分）、合格（C，60～74分）、不合格（D，60分以下），按相應等級字母或分數填入。 | | |

## 八、活動案例

### (一)製作構思

#### 1. 主題表達

魚的形象在中國傳統文化中有著豐富的象徵意義，蓮花和鯉魚的組合是中國傳統的吉祥圖案，有稱頌富裕的祝賀之意，也稱「年年有魚」「年年有餘」；中國更有鯉魚跳龍門的美麗傳說。完成製作超輕黏土立體小魚的學習任務，孩子們初步感知和了解中國傳統文化的吉祥寓意，在遊戲活動中養成友好的學習氛圍，培養耐心細緻的良好特質；在團、壓、刻等基本手法的體驗中掌握超輕黏土的造型方法，並獲得製作的樂趣。

## 2. 材料和工具

(1) 材料：各色超輕黏土。

(2) 工具：泥工刀、泥工板、剪刀。

## 3. 色彩搭配

黑色的眼睛、粉紅色的身體、綠色的魚鰭，多種顏色的使用會讓小魚顯得更加活潑可愛。

## (二) 製作步驟

1. 將粉紅色黏土揉成一個橢圓形當作魚的身體，再用黏土分別揉出兩個黑色和白色的小圓球作為魚的眼睛，如圖 1-3-2（a）所示。

2. 將綠色黏土用棍棒壓扁，用刻刀在上面刻出花紋，做成魚鰭和魚尾，如圖 1-3-2（b）所示。

3. 將眼睛和魚鰭、魚尾黏貼在魚身上。在黏貼時注意眼睛的距離，並用泥工刀挑出魚的小尾巴，如圖 1-3-2（c）所示。

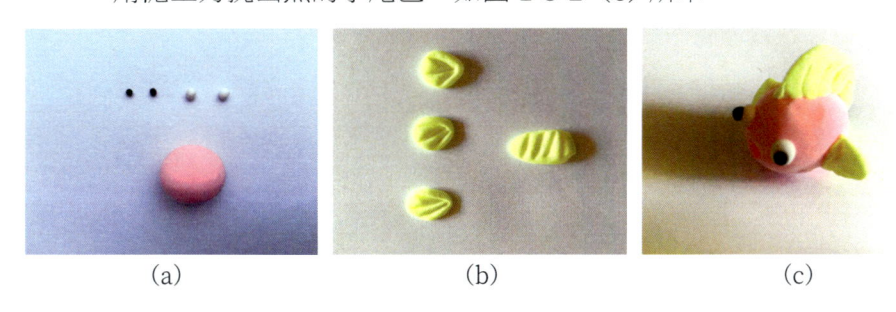

(a)　　　　　　　　　(b)　　　　　　　　　(c)

圖 1-3-2 小魚的製作步驟

課堂三：泥手工

(三)學生課堂練習

圖1-3-3　　　　　　圖1-3-4　　　　　　圖1-3-5

圖1-3-6　　　　　　圖1-3-7　　　　　　圖1-3-8

(四)學生作品欣賞

圖1-3-9　　　圖1-3-10　　　圖1-3-11　　　圖1-3-12

圖1-3-13　　　　　圖1-3-14　　　　　圖1-3-15

### 練一練

1. 卡通造型─海綿寶寶黏土製作。
2. 植物造型─美麗的蘑菇黏土製作。
3. 動物造型─霸道的小螃蟹黏土製作。

# 任務二：超輕黏土平面製作

## 一、任務目標

### (一)終極目標

學會超輕黏土作品《水族館》的平面製作。

### (二)促成目標

1. 透過案例學習掌握用超輕黏土塑造動物、植物的平面形象。
2. 能參照不同的圖片進行超輕黏土的平面造型與創作。

## 二、工作任務

製作超輕黏土作品《水族館》。

## 三、任務導入

小朋友們聽老師講了有關森林、海洋的童話故事，被裡面的小魚、小兔、小草、小花等可愛的動物、植物吸引。請你認真完成《水族館》超輕黏土平面製作任務單，見表 1-3-3。

## 課堂三：泥手工

表 1-3-3 任務單

| 名稱 | 立意構思 | 造型設計 | 色彩搭配 | 作品命名 |
|------|----------|----------|----------|----------|
| 水族館 |  |  |  |  |

### 四、任務分析

圍繞製作主題，透過立意構思、造型設計、色彩搭配和作品命名等學習任務，為製作出生動、活潑、有趣的超輕黏土立體造型做好規劃和學習準備。

### 五、知識點睛

#### (一)超輕黏土平面製作概念

超輕黏土平面製作是在平面上運用壓、切、接、劃、刺等多種手法製作出凹凸起伏形象的一種製作方法，是一種介於立體造型和繪畫之間的藝術表現形式。

#### (二)超輕黏土平面製作的應用

超輕黏土具有極易壓縮的特徵，所占空間較小，適用於多種環境的裝飾。用於幼稚園的超輕黏土平面作品可觀可觸，色彩豐富，富有趣味，深受小朋友喜愛。

#### (三)超輕黏土作品製作的多種手法

步驟一、在卡紙上製作超輕黏土作品，如圖 1-3-16 所示。在卡紙上畫出角色的形象，用各種顏色的超輕黏土進行填色。

任務二：超輕黏土平面製作

圖 1-3-16 卡紙上製作超輕黏土作品

步驟二、在紙盤上製作超輕黏土作品，如圖 1-3-17 所示。準備好一隻白色的紙盤，將製作好的黏土零件依序貼在紙盤上。

圖 1-3-17 紙盤上製作超輕黏土作品

步驟三、其他超輕黏土作品製作，如圖 1-3-18 所示。利用各種材料，如紙杯、礦泉水瓶等物品，運用黏土手工製作的各種技巧和方法，自己動手做出各種樣式的作品。

圖 1-3-18 其他超輕黏土作品製作

課堂三：泥手工

## 六、製作方法

### 1. 立意

製作的作品要注意處理好動物、植物的細節特徵，如動物的眼睛、花瓣上的紋路，這樣才能激發小朋友們的興趣，營造活潑、輕鬆的學習氛圍。

### 2. 工具材料

各色超輕黏土、卡紙、白色餐盤、美工刀、白膠。

### 3. 色彩搭配

色彩鮮豔、明快，更適合小朋友視覺特徵和審美需求。

### 4. 製作步驟

根據主題內容的形象特點，設計物體造型，搭配好色彩，運用捏、壓、搓、團、切等泥工技法進行平面製作，最後調整、修改、完善。

## 七、任務評價

同學們自由組合成 6 組，分別確定 6 個組長，用超輕黏土製作平面造型作品，並完成任務評價表，見表 1-3-4。

表 1-3-4 任務評價表

| 班級 | | 指導教師 | | 組長 | |
|---|---|---|---|---|---|
| 參加組員 | | | 作品名稱 | | |
| 評價指標 | 評價標準 | | 分值 | 得分 | |
| 立意構思 | 想像豐富，富有童趣，有獨特性 | | 20 | | |
| 色彩搭配 | 用色大膽，且色彩搭配協調，賞心悅目 | | 20 | | |

任務二：超輕黏土平面製作

| | | | |
|---|---|---|---|
| 造型表現 | 造型準確、生動，比例適中，錯落有致，製作精細 | 30 | |
| 行為習慣 | 自覺維護學習場所規則，安全使用工具和材料，自覺整理和收拾桌面 | 15 | |
| 團隊合作 | 友善相處，團隊協作，配合融洽 | 15 | |
| 得分 | | | |
| 小組自評（20%） | 小組互評（20%） | 教師評價（60%） | 綜合評價 |
| 備註 | 評價：優（A，85～100分）、良（B，75～84分）、合格（C，60～74分）、不合格（D，60分以下），按相應等級字母或分數填入。 | | |

## 八、活動案例

### (一)製作構思

**1. 主題表達**

　　海底世界奇妙、美麗，有眾多色彩斑斕的魚類，還有形態各異的水草、珊瑚和貝殼……透過完成超輕黏土作品《水族館》的平面製作學習任務，孩子們能逐漸養成主動觀察的習慣；在製作過程中，學習多個物體在畫面中的佈局和構圖，了解作品主體與背景的關係，培養初步的審美能力。

**2. 材料和工具**

（1）　材料：各色超輕黏土、卡紙。

（2）　工具：泥工刀、牙籤、白膠。

**3. 色彩搭配**

各種顏色的小魚、綠色的水草、黃色的海星、白色的泡泡等，豐富整

## 課堂三：泥手工

體效果。

### (二)製作步驟

#### 1. 魚的製作

身體、魚鰭、魚尾：將黏土搓成水滴狀，將其壓平，用泥工刀劃出魚尾、魚鰭的紋理。分別用黑色、白色的黏土揉搓出兩對圓球當作眼睛並黏在魚身上。如圖 1-3-19（a）所示。

#### 2. 水草的製作

將各種綠色的黏土搓成長短不一的條狀，然後壓平。如圖 1-3-19（b）所示。

#### 3. 海星的製作

將黏土搓成圓形並壓扁，再用剪刀剪出五角星或用手捏出五角星。用錐子在黏土上刺出小洞。如圖 1-3-19（c）所示。

#### 4. 組合並固定

分別將魚、水草、海星、泡泡擺放在卡紙上，可在黏貼時塗抹白膠，用手輕輕壓實。注意不要壓得過平，保持形象的浮雕效果。如圖 1-3-19（d）所示。

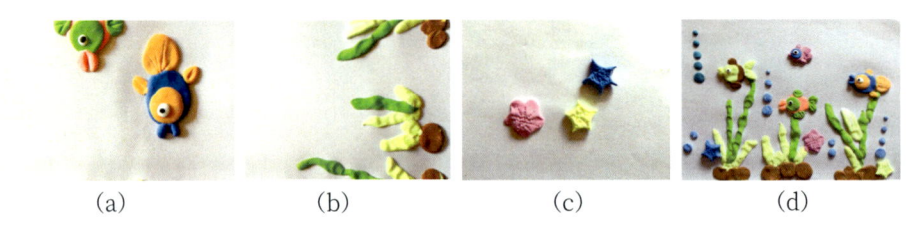

(a)　　　　(b)　　　　(c)　　　　(d)

圖 1-3-19《水族館》的製作步驟

## (三)學生課堂練習

圖1-3-20

圖1-3-21

## (四)學生作品欣賞

圖1-3-22

圖1-3-23

圖1-3-24

圖1-3-25

圖1-3-26

圖1-3-27

### 練一練

1. 《舞會面具》超輕黏土平面製作。
2. 《美麗花園》超輕黏土平面製作。

## 課堂三：泥手工

3. 《我家的相框》超輕黏土平面製作。

# 任務三：彩泥場景的製作

## 一、任務目標

### (一) 終極目標

學會彩泥《海底世界》場景製作。

### (二) 促成目標

1. 透過案例學習掌握彩泥場景的製作方法。
2. 能根據設定的圖片進行場景製作。

## 二、工作任務

彩泥《海底世界》場景製作。

## 三、任務導入

開學了，孩子們回到幼稚園七嘴八舌地給老師和小夥伴們講述假期的見聞。有的說看見了藍藍的大海，有的說和媽媽爸爸去了動物園，還有的小朋友說吃了好多可口的食物……老師準備了各種顏色的彩泥，孩子們可以把看見的、做過的美好事物場景用彩泥表達出來，希望你能幫老師設計並完成《海底世界》的彩泥場景製作任務單，見表 1-3-5。

表 1-3-5 任務單

| 名稱 | 立意構思 | 造型設計 | 色彩搭配 | 作品命名 |
| --- | --- | --- | --- | --- |
| 海底世界 | | | | |

## 四、任務分析

圍繞製作主題，透過立意構思、造型設計、色彩搭配和作品命名等學習任務，為製作出生動、活潑、有趣的超輕黏土立體造型做好規劃和學習準備，創作出有趣味的場景作品。

## 五、知識點睛

### (一) 彩泥場景製作的概念

彩泥場景是有背景，有主角，有完整的畫面或故事情節的表現形式，作品有 3D 立體空間感。

### (二) 彩泥場景製作的藝術特色

故事場景的製作屬於創作的範疇，包含構思、設計、製作、修飾等一系列的過程，先前學習的技法在這一任務中融會貫通後都可以用到。在彩泥場景製作中，背景的設計非常重要，關係到整個場景的故事情節表現。

## 六、製作方法

### 1. 立意

在彩泥場景製作裡的動物、植物等角色不但要做得像，而且要做出有生命力的態勢，除了要有活力、運動感外，還要有漂亮的色彩搭配。

### 2. 材料和工具

（1）　材料：彩泥、支撐條。

（2）　工具：美工刀、泥工板。

### 3. 色彩搭配

色彩對比強烈，多用鮮豔的色彩吸引小朋友的注意。

### 4. 製作方法

根據主題和角色的形象特點及故事情節，確定場景製作的大小。先定

課堂三：泥手工

好初稿，再運用捏、團、搓、拍、擀等泥工技巧進行製作，最後進行組合及修改。

## 七、任務評價

同學們自由組合成 6 組，分別確定 6 個組長，用超輕黏土製作平面造型作品，並完成任務評價表，見表 1-3-6。

### 表 1-3-6 任務評價表

| 班級 | | 指導教師 | | 組長 | |
|---|---|---|---|---|---|
| 參加組員 | | | 作品名稱 | | |
| 評價指標 | 評價標準 | | 分值 | 得分 | |
| 立意構思 | 想像豐富，富有童趣，有獨特性 | | 20 | | |
| 色彩搭配 | 用色大膽，且色彩搭配協調，賞心悅目 | | 20 | | |
| 造型表現 | 造型準確、生動，比例適中，錯落有致，製作精細 | | 30 | | |
| 行為習慣 | 自覺維護學習場所規則，安全使用工具和材料，自覺整理和收拾桌面 | | 15 | | |
| 團隊合作 | 友善相處，團隊協作，配合融洽 | | 15 | | |

| 得分 | | | |
|---|---|---|---|
| 小組自評（20%）| 小組互評（20%）| 教師評價（60%）| 綜合評價 |
| 備註 | 評價：優（A，85～100分）、良（B，75～84分）、合格（C，60～74分）、不合格（D，60分以下），按相應等級字母或分數填入。 | | |

## 八、活動案例

### (一)製作構思

**1. 主題表達**

深不可測的海底世界神秘而奇妙，引發孩子們無窮的想像。關於海底世界，中國有龍宮、蝦兵和蟹將等傳說，外國有美人魚、海神等童話故事，這些都是人們對未知世界的美好想像。海洋生物種類繁多，有無數美麗的魚、可愛的海葵、漂亮的水母、活潑的小蝦和嚴肅的大鯊魚，還有漂亮的珊瑚和貝殼小屋。透過完成《海底世界》場景製作的學習任務，孩子們可以認識、感受海洋生物的多樣性，在大膽的想像中嘗試運用所學超輕黏土的基本造型方法去表現事物，在學習過程中建立初步的空間感。

**2. 材料和工具**

(1) 材料：超輕黏土、木籤、白膠。

(2) 工具：泥工刀、剪刀、底板。

**3. 色彩搭配**

各種顏色的小魚和粉色的海葵、珊瑚等組合成五彩斑斕的海底世界。

### (二)製作步驟

1. 設計構思主要的場景畫面及裡面的角色。準備相關的材料，各種顏色的黏土、工具、底板、支撐材料等，如圖1-3-28（a）所示。

## 課堂三：泥手工

2. 黏土充分糅合，做出底座及礁石的原胚，如圖 1-3-28（b）所示。
3. 用支撐材料把主體和底座連接起來，如圖 1-3-28（c）所示。
4. 把海洋裡的礁石和水草、珊瑚、海葵等海洋生物透過捏、揉、團、搓等多種技法逐一表現出來，如圖 1-3-28（d）所示。
5. 把捏好的各種小魚、水母、海星放到場景中組合起來，如圖 1-3-28（e）所示。
6. 調整、修飾並完成作品，如圖 1-3-28（f）所示。

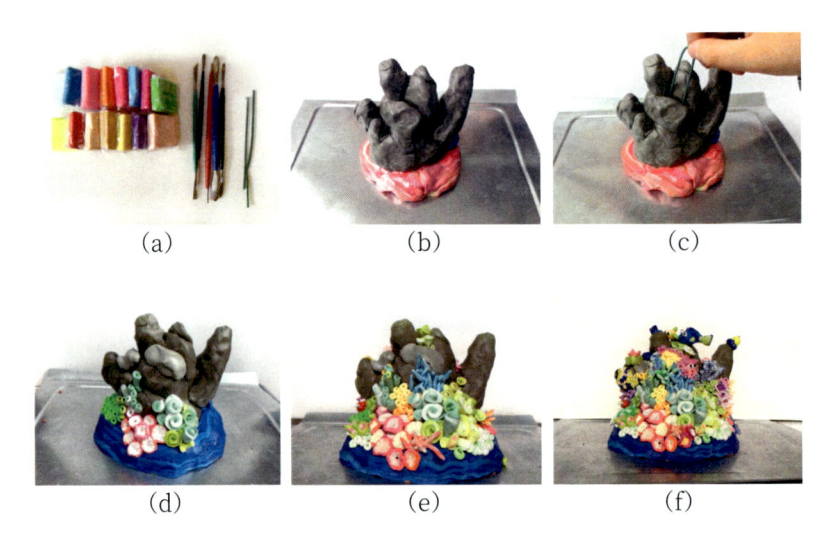

圖 1-3-28《海底世界》製作步驟

任務三：彩泥場景的製作

(三) 學生課堂練習

圖1-3-29 　　　　　　　　　圖1-3-30

(四) 學生作品欣賞

圖1-3-31 　　　　　圖1-3-32 　　　　　圖1-3-33

圖1-3-34 　　　　　圖1-3-35 　　　　　圖1-3-36

95

課堂三：泥手工

圖1-3-37　　　　　　圖1-3-38　　　　　　圖1-3-39

圖1-3-40　　　　　　圖1-3-41　　　　　　圖1-3-42

**練一練**

1. 《我愛我家》場景製作。

2. 《陽臺上的風景》場景製作。

3. 《童話世界》場景製作。

# 課堂四：綜合材料手工

# 任務一：環保手工的製作

## 一、任務目標

### （一）終極目標

掌握小胖兔的製作方法和步驟。

### （二）促成目標

1. 透過對廢舊物品的改造提高學生的創新能力。
2. 培養學生保護環境的意識。

## 二、工作任務

完成小胖兔的製作。

## 三、任務導入

生活中，有許許多多的物品被我們遺棄或丟掉，今天我們就把這些看起來再也沒用的東西想辦法改造一下，利用起來！

表 1-4-1 任務單

| 名稱 | 立意構思 | 材料選擇 | 色彩搭配 | 整體造型 |
|---|---|---|---|---|
| 小胖兔 |  |  |  |  |

課堂四：綜合材料手工

## 四、任務分析

圍繞環境保護主題，利用廢舊物品，創作出能再次利用的作品，要注意 4 個方面。

### (一) 立意構思
根據廢舊物件特點，進行創新構思。

### (二) 材料選擇
可選擇廢棄衣物、廢舊報紙等一切可利用材料。

### (三) 色彩搭配
色彩搭配協調、美觀。

### (四) 整體造型
作品生動，有真實感，有整體美感，能充分體現設計能力和製作能力。

## 五、知識點睛

### (一) 環保手工的概念
環保手工，顧名思義就是保護環境的一種手工，將我們廢棄不用的各種材料製作成新的作品，既能夠起裝飾作用又具有一定的實用性，還減少了物品的浪費。

### (二) 環保手工的特點
1. 材料獲取容易。
2. 材料選擇具有多樣性。
3. 作品製作具有很強的創意性。

## 六、製作方法

### (一) 工具材料
各類廢舊物品、剪刀、膠水等輔助材料。

## （二）色彩搭配

根據作品本身的材料進行色彩搭配。

## （三）製作步驟

1. 設計：根據實際需要對物品進行改造設計。
2. 草圖：將設計的各個零件繪製在草圖上。
3. 剪裁：將需要加工或裁剪的部分製作出來。
4. 組合：把零件進行黏貼或縫製。

## 七、任務評價

同學們自由組合為 6 組，分別確定 6 個組長。利用各種廢棄物品製作環保手工並完成任務評價表，見表 1-4-1-2。

### 表 1-4-2 任務評價表

| 班級 | | 指導教師 | | 組長 | |
|---|---|---|---|---|---|
| 參加組員 | | | | 作品名稱 | |
| 評價指標 | 評價標準 | | 分值 | 得分 | |
| 構思 | 生動可愛，富有童趣，有獨特性 | | 10 | | |
| 色彩 | 搭配協調，賞心悅目 | | 20 | | |
| 造型 | 造型準確，比例適中，大小協調 | | 20 | | |
| 工藝 | 工藝簡單，材料廉價，製作細緻 | | 20 | | |
| 整潔 | 完成後教室和桌面整齊乾淨 | | 10 | | |
| 合作 | 與其他同學共同合作且合作良好 | | 10 | | |

課堂四：綜合材料手工

| 安全 | 小心使用刀具，用完後統一保管 | 10 | |
|---|---|---|---|
| 得分 | | | |
| 小組自評（20%） | 小組互評（20%） | 教師評價（60%） | 綜合評價 |
| 備註 | 評價：優（A，85～100分）、良（B，75～84分）、合格（C，60～74分）、不合格（D，60分以下），按相應等級字母或分數填入。 | | |

## 八、活動案例

### (一)小胖兔的製作構思

**1. 主題表達**

襪子在我們生活中的使用頻率非常高，經常有很多廢舊的襪子需要扔掉。我們可以透過小胖兔的製作變廢為寶。孩子們發揮想像力，利用廢舊的襪子製作可愛的襪子玩偶，既能培養創新思維，學會靈活變通，也能增強想像力和動手能力。

**2. 材料和工具**

廢棄襪子、扣子、棉花、剪刀、針線。

**3. 色彩搭配**

根據廢舊材料和作品設計搭配色彩。

### (二)小胖兔的製作步驟

1. 裁剪耳朵：將襪子的指頭部分剪開，如圖1-4-1（a）所示。
2. 縫合耳朵：將襪子剪開後的部分分別縫合，如圖1-4-1（b）所示。
3. 填充棉花：塞入棉花，在尾部收口縫好，並剪去多餘部分，如圖1-4-1（c）所示。

4. 細節整理：把耳朵部分綁在一起，如圖 1-4-1（d）所示。
5. 縫製五官：縫上眼睛和嘴巴，如圖 1-4-1（e）所示。
6. 裝飾兔子：縫上蝴蝶結。一隻可愛的小胖兔就製作完成了，如圖 1-4-1（f）所示。

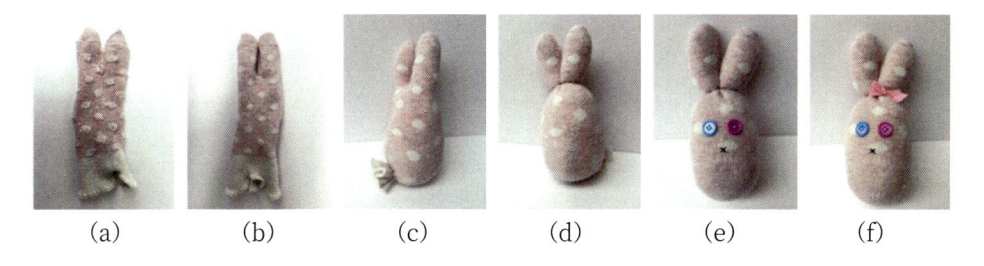

(a)　　　　(b)　　　　(c)　　　　(d)　　　　(e)　　　　(f)

圖 1-4-1 小胖兔的製作步驟

## (三)學生課堂練習

圖1-4-2 　　　　　　　圖1-4-3

課堂四：綜合材料手工

(四)學生作品欣賞

圖1-4-4

圖1-4-5

圖1-4-6

圖1-4-7

圖1-4-8

**練一練**

1. 選擇 5 種廢舊品完成手工製作。
2. 利用紙板製作一座房屋，用於兒童情景劇表演。
3. 將廢舊衣物改造為表演服裝。

# 中篇
## 職業能力訓練

# 課堂一：小朋友表演遊戲

## 任務一：頭飾的製作

### 一、任務目標

**（一）終極目標**

學會製作小熊帽子頭飾。

**（二）促成目標**

1. 透過案例學習掌握不同類型的小朋友頭飾的製作。
2. 能根據不同主題和角色進行頭飾設計。

### 二、工作任務

設計和製作小熊帽子頭飾。

### 三、任務導入

六一兒童節，幼稚園大班的小朋友要表演節目《快樂森林》，森林裡有小公雞、小熊、小鹿等動物縱情歡唱，翩翩起舞。老師準備了綠色、粉色、桃紅色、黃色、棕色等彩色海綿紙、卡紙等材料，希望你能幫老師設計並完成小熊帽子頭飾的任務單，見表 2-1-1。

## 任務一：頭飾的製作

### 表 2-1-1 任務單

| 名稱 | 立意構思 | 材料選擇 | 色彩搭配 | 整體造型 |
|---|---|---|---|---|
| 小熊帽子頭飾 | | | | |

### 四、任務分析

圍繞主題環境，創作出各式各樣的頭飾作品，要注意 4 個方面。

#### (一)立意構思

主題明確，形式多樣。

#### (二)材料選擇

針對不同頭飾的造型，選擇適合的紙材來表現，注意環保。

#### (三)色彩搭配

色彩鮮豔、協調。

#### (四)整體造型

作品生動有趣，適合舞臺表演，能充分體現設計能力和製作能力。

### 五、知識點睛

#### (一)頭飾的概念

廣義的頭飾，指戴在頭上的飾物，包括髮飾和帽子等。小朋友手工頭飾是指孩子戴在頭上的各種角色的形象，是幼稚園活動中常用的道具，具有裝飾性。在角色遊戲、舞臺劇表演、講故事等活動中佩戴頭飾，可以極大提高小朋友的參與興趣。小朋友手工頭飾的設計製作形式多樣，有平面也有立體，可剪、可畫、可摺，形象設計生動、可愛，富有情趣。

#### (二)頭飾的特點

1. 材料多樣化，不織布、泡沫紙、卡紙、羽毛等都可以作為創作材料。

## 課堂一：小朋友表演遊戲

2. 形式多樣化，有動物頭飾、人物頭飾等，可以創作平面、立體的頭飾作品。
3. 方法簡單易學、裝飾性強，可隨意造型，還能培養孩子的觀察力、想像力和創造力。

### (三) 頭飾的用途

用於幼稚園表演的頭飾，色彩亮麗明快，造型簡單有趣，裝飾性強，符合幼稚園表演活動的情景創設。這些頭飾能讓孩子更好地融入表演情景，使觀眾身臨其境，是營造活潑、俏皮、輕鬆的藝術氛圍的好助手。

## 六、製作方法

### (一) 工具材料

材料包含各色卡紙、海綿紙、電光紙等，工具包含釘書機、雙面膠、三秒膠、美工刀、剪刀、針線。

### (二) 色彩搭配

選擇色澤亮麗的紙材，更符合小朋友的視覺特徵和審美需求。

### (三) 製作步驟

1. 用卡紙畫出頭飾的各種形狀。
2. 裁剪範本。
3. 做出頭飾需要的各種零件，比如動物頭飾的眼睛、鼻子和嘴巴等。
4. 黏貼好頭飾所需的各種零件。
5. 整理、固定頭飾，使作品完整美觀。

## 七、任務評價

同學們自由組合為 6 組，分別確定 6 個組長。利用彩色海綿紙、卡紙、不織布，配上絲帶、羽毛、串珠、樹葉等素材，製作頭飾作品，並完成表

2-1-2 的任務。

表 2-1-2 頭飾任務評價表

| 班級 | | 指導教師 | | 組長 | |
|---|---|---|---|---|---|
| 參加組員 | | | 作品名稱 | | |
| 評價指標 | 評價標準 | | 分值 | 得分 | |
| 構思 | 獨特有創意 | | 10 | | |
| 色彩 | 搭配協調，賞心悅目 | | 20 | | |
| 造型 | 造型準確，整體協調 | | 20 | | |
| 工藝 | 作品模擬度高，工藝精細 | | 20 | | |
| 整潔 | 完成後教室和桌面整齊乾淨 | | 10 | | |
| 合作 | 與其他同學共同合作且合作良好 | | 10 | | |
| 安全 | 小心使用刀具，用完後統一保管 | | 10 | | |
| 得分 | | | | | |
| 小組自評（20%） | 小組互評（20%） | 教師評價（60%） | | 綜合評價 | |
| 備註 | 評價：優（A，85～100 分）、良（B，75～84 分）、合格（C，60～74 分）、不合格（D，60 分以下），按相應等級字母或分數填入。 | | | | |

## 八、活動案例

### (一) 小熊帽子的製作構思

#### 1. 主題表達

小熊憨厚可愛，深受小朋友的喜歡。透過完成小熊帽子頭飾的製作任

107

## 課堂一：小朋友表演遊戲

務，孩子能了解、感知小熊的特點以及生活習性，明白要愛護小熊但不能靠近它，樹立自我保護意識，培養動手能力和耐心。

**2. 材料和工具**

(1) 材料：彩色卡紙、膠水。

(2) 工具：直尺、鉛筆、美工刀。

**3. 色彩搭配**

選用咖啡色的卡紙來做小熊帽子，藍色卡紙來做眼睛，會使小熊顯得生動、可愛。

**(二)小熊帽子的製作步驟**

1. 先把卡紙平均分為兩張，如圖 2-1-1（a）所示。

2. 在卡紙的一端畫一條 2cm 左右寬度的橫紙，在垂直於橫線的方向上用鉛筆均勻地畫出分隔號，如圖 2-1-1（b）所示, 兩張卡紙作相同處理。

3. 用美工刀沿著畫好的分隔號一條一條地劃開，如圖 2-1-1（c）所示，形成若干豎條。

4. 每隔一根豎條減掉一根，如圖 2-1-1（d）所示。

5. 把卡紙連接部分圍成一個圈，再把每根豎條交叉著黏貼起來，形成一個弧度，如圖 2-1-1（e）所示。

6. 所有豎條黏貼好後就是一個帽子的形狀，另一張卡紙作相同處理，將一個帽子蓋在另一個帽子上，調整位置，固定好，如圖 2-1-1（f）所示。

7. 然後用其他顏色的卡紙剪出小熊的眼睛、鼻子、耳朵和嘴巴，如圖 2-1-1（g）所示。

8. 最後將小熊的眼睛、鼻子、嘴、耳朵黏貼在帽子上，如圖 2-1-1（h）所示，作品完成。

任務一：頭飾的製作

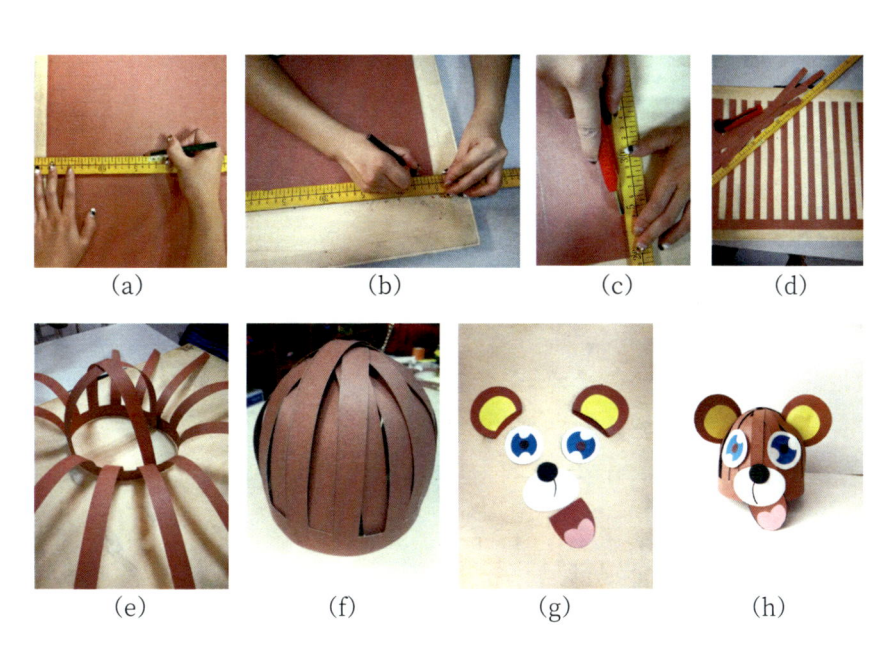

(a)　　　　　(b)　　　　　(c)　　　　　(d)

(e)　　　　　(f)　　　　　(g)　　　　　(h)

圖 2-1-1 小熊帽子的製作步驟

## (三)學生作品欣賞

圖2-1-2　　　　　圖2-1-3　　　　　圖2-1-4

圖2-1-5　　　　　圖2-1-6　　　　　圖2-1-7

課堂一：小朋友表演遊戲

> **練一練**

1. 完成繪本故事《逃家小兔》動物頭飾的製作。
2. 完成小鯉魚頭飾的製作。
3. 請為小班生日會設計製作 3 種不同造型的生日頭飾，並記錄和交流創作過程中的制作要領。
4. 設計兒童劇《小蝌蚪找媽媽》的表演頭飾。

# 任務二：面具的製作

## 一、任務目標

### （一）終極目標

學會製作小白兔面具。

### （二）促成目標

1. 透過案例學習掌握不同類型的小朋友面具製作。
2. 能根據不同主題和角色進行表演面具的設計。

## 二、工作任務

設計和製作小白兔面具。

## 三、任務導入

實驗幼稚園馬上要舉辦親子活動，小朋友們表演節目需要戴上面具，可以戴自己喜歡的動物面具，也可以戴卡通人物面具。老師準備了綠色、粉色、桃紅色、黃色、棕色等彩色海綿紙和卡紙，希望你能幫老師設計並完成面具製作的任務單填寫，以小白兔面具為例，見表 2-1-3。

## 任務二：面具的製作

### 表 2-1-3 任務單

| 名稱 | 立意構思 | 材料選擇 | 色彩搭配 | 整體造型 |
|---|---|---|---|---|
| 小白兔面具 | | | | |

## 四、任務分析

圍繞任務環境，製作出豐富多彩的面具作品，注意 4 個方面。

### （一）立意構思

主題鮮明、有趣。

### （二）材料選擇

選用表現力豐富的卡紙，注意環保。

### （三）色彩搭配

色彩豐富，搭配協調。

### （四）整體造型

作品生動活潑，裝飾表現力強。

## 五、知識點睛

### （一）面具的概念

面具，指遮蓋全部或部分臉並有眼睛開洞的覆蓋物，通常作為舞會、戲劇等場合佩戴的偽裝用具。

### （二）面具的類型

#### 1. 平面手繪面具

在繪畫紙上畫出角色形象，用油畫棒、水粉顏料、水彩筆塗色，並剪下固定在面具上。

### 2. 平面剪貼面具

用各色卡紙、海綿紙等剪貼出角色形象，黏貼或縫製在厚卡紙上，然後將其固定在紙帶或者鬆緊帶上。

### 3. 立體紙浮雕面具

運用紙浮雕的各種技巧和方法，將角色形象做成立體造型，並將其固定在紙帶或者鬆緊帶上。

### (三)面具的用途

面具是起遮擋、保護和裝飾作用的外罩，是孩子戴在臉上的各種角色的形象的呈現，在幼稚園活動中經常用到。在角色遊戲、舞臺劇表演、講故事等活動中佩戴面具，可以提高幼兒參與活動的興趣，提高孩子的積極性。

## 六、製作方法

### (一)工具材料

各色卡紙、海綿紙、皺紋紙等，各色顏料，雙面膠，三秒膠，美工刀，剪刀。

### (二)色彩搭配

選擇色澤亮麗的紙材，更符合小朋友的視覺特徵和審美需求。

### (三)製作步驟

1. 製作範本，用卡紙畫出需要製作的面具的形狀。
2. 裁剪範本，將畫好的形狀裁剪下來並把眼睛的位置用刻刀挖空。
3. 做出面具需要的裝飾零件，如鼻子和嘴巴等。
4. 黏貼好所有零件。
5. 整理造型，設計介面，用鬆緊帶或其他材料固定，使作品完整美觀、不易掉落。

## 七、任務評價

同學們自由組合為 6 組，分別確定 6 個組長。利用彩色海綿紙、卡紙、不織布，配上絲帶、羽毛、串珠、樹葉等素材，製作面具作品，並完成表 2-1-4 的內容。

### 表 2-1-4 面具任務評價表

| 班級 | | 指導教師 | | 組長 | |
|---|---|---|---|---|---|
| 參加組員 | | | 作品名稱 | | |
| 評價指標 | 評價標準 | | 分值 | 得分 | |
| 構思 | 生動可愛，富有童趣，有獨特性 | | 10 | | |
| 色彩 | 搭配協調，賞心悅目 | | 20 | | |
| 造型 | 造型準確，比例適中、大小協調 | | 20 | | |
| 工藝 | 工藝簡單，材料廉價，製作細緻 | | 20 | | |
| 整潔 | 完成後教室和桌面整齊乾淨 | | 10 | | |
| 合作 | 與其他同學共同合作且合作良好 | | 10 | | |
| 安全 | 小心使用刀具，用完後統一保管 | | 10 | | |
| 得分 | | | | | |
| 小組自評（20%） | 小組互評（20%） | 教師評價（60%） | 綜合評價 | | |
| 備註 | 評價：優（A，85～100 分）、良（B，75～84 分）、合格（C，60～74 分）、不合格（D，60 分以下），按相應等級字母或分數填入。 | | | | |

## 八、活動案例

### (一)小白兔面具的製作構思

**1. 主題表達**

小白兔非常活潑,深受小朋友的喜愛。透過製作小白兔面具這一任務,孩子能感知、了解小白兔的生活習性,會更加愛護小動物、享受小動物帶來的快樂,從而熱愛環境、熱愛生活,還能培養認知能力和動手能力。

**2. 材料和工具**

(1) 材料:彩色卡紙、泡沫紙。

(2) 工具:彩色筆、膠水、美工刀、剪刀。

**3. 色彩搭配**

選用白色的卡紙作為底色,用粉色卡紙做小白兔和耳朵,使小白兔顯得生動、可愛。

### (二)小白兔面具的製作步驟

1. 先用鉛筆在白色卡紙上畫出兔子的形狀,然後沿邊緣剪下來,如圖2-1-8(a)所示。

2. 用灰色和藍色的彩色筆為小白兔的眼睛塗色,再用刻刀把小白兔的眼珠去掉,如圖2-1-8(b)所示。

3. 用粉色和紅色的卡紙剪出小白兔的耳朵、鼻子、紅臉蛋和舌頭的形狀,如圖2-1-8(c)所示。

4. 把小白兔的耳朵、鼻子等黏貼在面具上,並用粉色的硬卡紙剪出兔頭的形狀,如圖2-1-8(d)所示。

5. 把已經剪好的粉色硬卡紙和面具黏貼在一起。

6. 用黑色泡沫紙剪成長條狀黏貼在面具後面固定,這樣面具就能戴在臉上了,如圖2-1-8(e)所示。

任務二：面具的製作

(a)　　　　　　　(b)　　　　　　　(c)

(d)　　　　　　　(e)

圖 2-1-8 小白兔面具的製作步驟

115

課堂一：小朋友表演遊戲

(三) 學生作品欣賞

圖2-1-9

圖2-1-10

圖2-1-11

圖2-1-12

圖2-1-13

圖2-1-14

### 練一練

1. 完成兒童劇《瘋狂原始人》表演面具的製作。
2. 完成繪本故事《白雪公主》面具的製作。
3. 為幼稚園大班的化裝舞會設計活動方案，並為這次化裝舞會製作3個不同造型的半臉面具。

# 任務三：道具的製作

## 一、任務目標

### （一）終極目標

學會製作魔法棒道具。

### （二）促成目標

1. 透過案例學習掌握不同類型的小朋友表演道具製作。
2. 能根據不同主題和角色表演進行道具設計。

## 二、工作任務

設計和製作魔法棒道具。

## 三、任務導入

相信很多女生從小都有一個夢想—能夠擁有魔法，拿著魔法棒變身美少女戰士，行俠仗義，保衛和平。讓我們一起來製作這些表演道具吧。老師準備了各種各樣的材料和工具，希望你能幫老師設計，並完成表演道具的任務單填寫，見表 2-1-5。

表 2-1-5 任務單

| 名稱 | 立意構思 | 材料選擇 | 色彩搭配 | 整體造型 |
|---|---|---|---|---|
| 魔法棒 | | | | |

## 四、任務分析

圍繞主題環境，創作出既實用又美觀的道具作品，要注意以下 4 個方面。

## 課堂一：小朋友表演遊戲

### (一) 立意構思
適合舞臺表演，主題明確。

### (二) 材料選擇
材料選擇可多樣化，硬紙板、卡紙、泡沫紙、不織布等材料都可以製作道具。

### (三) 色彩搭配
色彩鮮明、豐富，搭配協調、美觀。

### (四) 整體造型
作品生動活潑，有整體美感，能充分體現製作者的設計能力和製作能力。

## 五、知識點睛

### (一) 表演道具的概念
幼稚園活動中表演道具是必不可少的，在角色遊戲、舞臺劇表演、故事講解、親子活動等一系列活動中都會用到道具，有了表演道具可以提高活動的生動性，讓活動更富有情趣。

### (二) 道具製作的種類
幼稚園道具的設計製作形式多樣，以立體形式為主，可剪、可畫、可摺；在材料的選擇上也很多樣，不織布、泡沫紙、卡紙等都可以製作道具。

1. 紙藝類道具：用各種紙藝材料，如泡沫紙、瓦楞紙、皺紋紙、紙盒、紙袋等做表演道具。
2. 布藝類道具：用不織布、不織布等製作道具。
3. 綜合材料道具：運用錫箔紙、雨傘、絲襪等材料綜合運用。

### (三) 表演道具的用途
道具和舞臺表演直接相關，起著幫助演員表演和烘托舞臺氛圍的作用，

任務三：道具的製作

是表演活動的支點，比如花、彩帶、刀、槍等都是表演者虛擬動作必不可少的憑藉。在表演情景劇中，道具是營造活潑、俏皮、輕鬆的表演氛圍的好助手，有些道具還對劇情的發展起關鍵作用。

## 六、製作方法

### (一)工具材料

各色皺紋紙、卡紙、不織布、不織布，三秒膠，美工刀，剪刀，針線等。

### (二)色彩搭配

選擇色澤亮麗、鮮豔的材料，色彩搭配亮眼、豐富，要符合小朋友的視覺特徵。

### (三)製作步驟

1. 製作構思：首先根據主題和角色的形象特點構思所需道具。
2. 製作範本：先畫好草圖，設計好樣式與形象，搭配好色彩。
3. 裁剪組合：運用畫、剪、卷、貼、縫等技巧進行組合。
4. 整理造型：整理道具，添加裝飾，使作品完整美觀。

## 七、任務評價

同學們自由組合為6組，分別確定6個組長。利用彩色不織布、卡紙、不織布，製作道具作品，並完成表2-1-6。

## 課堂一：小朋友表演遊戲

表 2-1-6 任務評價表

| 班級 | | 指導教師 | | 組長 | |
|---|---|---|---|---|---|
| 參加組員 | | | 作品名稱 | | |
| 評價指標 | 評價標準 | | 分值 | 得分 | |
| 構思 | 生動可愛，富有童趣，有獨特性 | | 10 | | |
| 色彩 | 搭配協調，賞心悅目 | | 20 | | |
| 造型 | 造型準確，比例適中、大小協調 | | 20 | | |
| 工藝 | 工藝簡單，材料廉價，製作細緻 | | 20 | | |
| 整潔 | 完成後教室和桌面整齊乾淨 | | 10 | | |
| 合作 | 與其他同學合作良好 | | 10 | | |
| 安全 | 小心使用刀具，用完後統一保管 | | 10 | | |
| 得分 | | | | | |
| 小組自評（20%） | 小組互評（20%） | 教師評價（60%） | 綜合評價 | | |
| 備註 | 評價：優（A，85～100 分）、良（B，75～84 分）、合格（C，60～74 分）、不合格（D，60 分以下），按相應等級字母或分數填入。 | | | | |

## 八、活動案例

### (一) 魔法棒道具的製作構思

#### 1. 主題表達

魔法棒擁有魔法，是美少女戰士的必用道具，透過製作魔法棒這一任

務，讓孩子進一步了解美少女戰士這一卡通形象，教育孩子要學習這些卡通形象勇敢、正義的性格特徵，從而進一步培養孩子的認知能力和動手能力。

### 2. 材料和工具

(1) 材料：彩色不織布。

(2) 工具：中性筆、針線、熱熔膠、熱熔膠槍、棉花、剪刀。

### 3．色彩搭配

作品以粉色為主，搭配黃色、粉藍色和玫紅色，這樣的色彩搭配會使得作品顏色亮麗明快。

### (二)魔法棒道具的製作步驟

1. 先用鉛筆在不織布上畫出需要的形狀（五角星 2 個、桃心 2 個、翅膀 4 個），然後剪下備用，如圖 2-1-15 (a) 所示。
2. 把 2 個玫紅色的五角星縫起來並塞入棉花再封口，如圖 2-1-15 (b) 所示。
3. 桃心和翅膀也是一樣的方法，先縫合、塞入棉花再封口，如圖 2-1-15 (c)、圖 2-1-15 (d) 所示，翅膀做一對。
4. 把做好的翅膀、五角星、桃心等用熱熔膠組合黏貼起來，如圖 2-1-15 (e) 所示。
5. 把粉色的不織布剪成長方形對摺縫合成棒子狀，並塞入棉花封口，如圖 2-1-15 (f) 所示。
6. 把另外一個桃心用熱熔膠黏貼在魔法棒的背面，如圖 2-1-15 (g) 所示。
7. 再把做好的棒子用熱熔膠黏貼起來，如圖 2-1-15 (h) 所示。
8. 最後調整，加上蝴蝶結裝飾，如圖 2-1-15 (i) 所示。

**課堂一：小朋友表演遊戲**

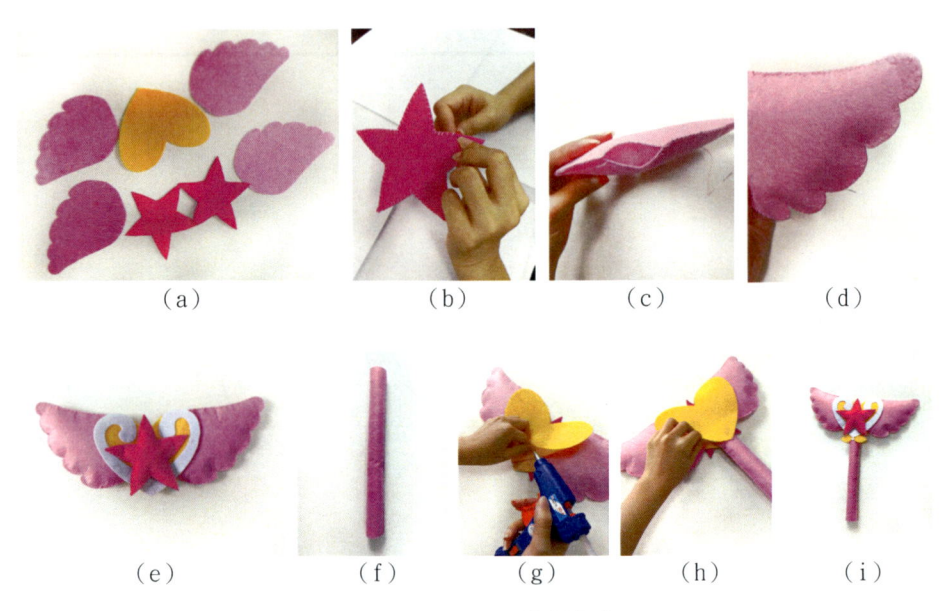

(a) (b) (c) (d)

(e) (f) (g) (h) (i)

圖 2-1-15 魔法棒道具的製作步驟

## (三) 學生作品欣賞

圖 2-1-16　　　　圖 2-1-17　　　　圖 2-1-18

任務四：角色服裝的製作

圖2-1-19 　　　　　圖2-1-20 　　　　　圖2-1-21

### 練一練

1. 完成燈籠道具的製作。
2. 完成蝴蝶翅膀道具的製作。
3. 完成小火車道具的製作。
4. 為中班的講故事活動設計一個活動方案並製作故事盒子道具。

# 任務四：角色服裝的製作

## 一、任務目標

### (一)終極目標

學會製作蝙蝠俠服裝。

### (二)促成目標

1. 透過案例學習掌握不同類型的小朋友角色製作。
2. 能根據不同主題和角色表演進行服裝設計。

## 二、工作任務

設計和製作蝙蝠俠服裝。

123

## 課堂一：小朋友表演遊戲

### 三、任務導入

老師準備了各種各樣的服裝材料和工具，希望你能幫老師設計並完成角色表演服裝製作的任務單填寫，見表 2-1-7。

表 2-1-7 任務單

| 名稱 | 立意構思 | 材料選擇 | 色彩搭配 | 整體造型 |
| --- | --- | --- | --- | --- |
| 蝙蝠俠服裝 |  |  |  |  |

### 四、任務分析

圍繞主題環境，創作出多姿多彩的角色服裝，注意以下 4 個方面。

#### (一)立意構思

主題鮮明，積極健康。

#### (二)材料選擇

針對不同的角色造型，選擇表現力適合的材料，注意環保。

#### (三)色彩搭配

色彩鮮明、豐富，搭配協調、美觀。

#### (四)整體造型

作品完整，尺寸合適，能充分體現製作者的設計能力和製作能力。

### 五、知識點睛

#### (一)表演服裝的概念

表演服飾是用於舞臺表演的服飾，幼稚園活動中角色服裝是必不可少的，由於幼稚園演出服的使用頻率較低且使用週期短，童裝市場上幾乎沒有以兒童表演服裝為主打的服裝品牌，所以手工製作小朋友表演服裝是很有必要的。製作這種類型的服裝，不需要掌握專業的服裝制版技術，主要是為配

合表演主題使用，所以符合主題才是重點。

### (二)表演服裝的特點

　　幼稚園角色服裝的設計製作形式多樣、材料多樣，皺紋紙、報紙、廢舊材料、塑膠袋、布藝材料都可以用來做角色服裝，方法也多種多樣，可剪、可畫、可縫、可拼貼。幼稚園表演服裝分為廠家定制類和手工自製類。廠家定制類的小朋友演出服一般由教師根據演出內容和製作廠家協商設計定制；手工自製類的主要是由小朋友老師及家長使用布藝材料、紙藝材料、廢報紙、包裝袋等各種材料來製作的表演服裝。

### (三)表演服裝的用途

1. 具有展示表演角色的作用。
2. 具有突出表演作品藝術個性的作用。
3. 具有區分不同角色造型的作用。
4. 不同的服裝給人們不同視覺效果的作用。
5. 在幼稚園表演中有提高小朋友興趣的作用。

## 六、製作方法

### (一)工具材料

　　皺紋紙、不織布、不織布、卡紙、熱熔膠、白乳膠、美工刀、剪刀、針線。

### (二)色彩搭配

　　選擇色澤亮麗的材料，色彩搭配鮮豔合理即可，要符合小朋友的視覺特徵。

### (三)製作步驟

1. 製作構思：首先根據主題和角色的形象特點構思所需服裝造型。
2. 製作範本：先畫好草圖，設計好樣式與形象，搭配好色彩。

## 課堂一：小朋友表演遊戲

3. 裁剪組合：運用畫、剪、卷、貼、縫等技巧。
4. 整理造型：整理服裝，使作品完整美觀，添加裝飾。

## 七、任務評價

同學們自由組合為 6 組，分別確定 6 個組長。利用彩色不織布、卡紙、不織布，製作角色服裝作品，並完成表 2-1-8。

### 表 2-1-8 任務評價表

| 班級 | | 指導教師 | | 組長 | |
|---|---|---|---|---|---|
| 參加組員 | | | 作品名稱 | | |
| 評價指標 | 評價標準 | | 分值 | 得分 | |
| 構思 | 生動可愛，富有童趣，有獨特性 | | 10 | | |
| 色彩 | 搭配協調，賞心悅目 | | 20 | | |
| 造型 | 造型準確，比例適中、大小協調 | | 20 | | |
| 工藝 | 工藝簡單，材料廉價，製作細緻 | | 20 | | |
| 整潔 | 完成後教室和桌面整齊乾淨 | | 10 | | |
| 合作 | 與其他同學合作良好 | | 10 | | |
| 安全 | 小心使用刀具，用完後統一保管 | | 10 | | |

| 得分 | | | |
|---|---|---|---|
| 小組自評（20%） | 小組互評（20%） | 教師評價（60%） | 綜合評價 |
| 備註 | 評價：優（A，85～100分）、良（B，75～84分）、合格（C，60～74分）、不合格（D，60分以下），按相應等級字母或分數填入。 | | |

## 八、活動案例

### (一) 蝙蝠俠服裝的製作構思

#### 1. 主題表達

蝙蝠俠是一個很有正義感的超級英雄形象。透過製作蝙蝠俠服裝這一任務來讓孩子進一步了解蝙蝠俠，培養孩子的動手能力；教育孩子要擁有正義感，要勇敢且樂於助人。

#### 2. 材料和工具

所需材料：不織布。

所需工具：針線、鬆緊帶、剪刀、熱熔膠。

#### 3. 色彩搭配

用深藍色和黃色不織布搭配是卡通人物蝙蝠俠服裝的代表性顏色。

### (二) 蝙蝠俠服裝製作步驟

1. 把深藍色不織布剪成長方形，在中間的位置剪出一個橢圓形當作領口，如圖2-1-22（a）所示；留出袖口，袖口以下的地方用黑線縫合。
2. 用深藍色不織布剪2片圖2-1-22（b）所示的布片。
3. 將剪好的布片對摺、縫合做蝙蝠俠服裝的袖套，如圖2-1-22（c）所示。
4. 將黃色不織布剪成小橢圓形，再用黑色不織布剪出圖中蝙蝠的形狀

## 課堂一：小朋友表演遊戲

黏貼在黃色橢圓形上，如圖 2-1-22（d）所示。

5. 做好的標誌黏貼在衣服上，將鬆緊帶縫在衣服上，再用不織布做出蝙蝠俠的面罩，如圖 2-1-22（e）所示。
6. 上身效果如圖 2-1-22（f）所示。

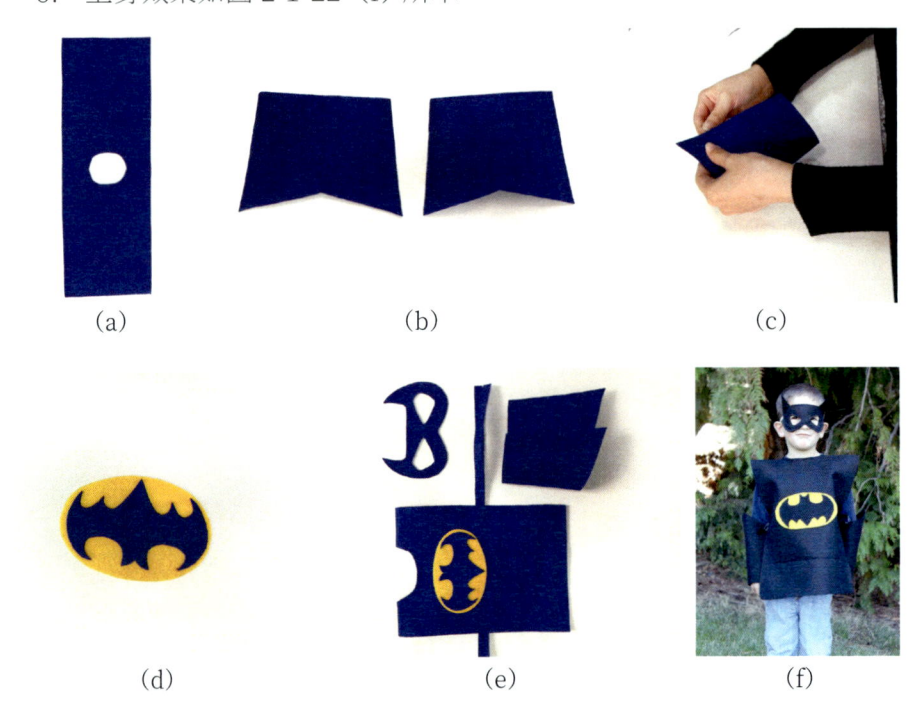

(a)　　　　　　(b)　　　　　　(c)

(d)　　　　　　(e)　　　　　　(f)

圖 2-1-22 蝙蝠俠服裝製作

### (三) 學生作品欣賞

圖 2-1-23 　　　圖 2-1-24 　　　圖 2-1-25 　　　圖 2-1-26

## 練一練

1. 完成小恐龍服裝的製作。
2. 完成美人魚服裝的製作。
3. 為大班的六一兒童節表演活動設計製作三種不同造型的原始人服裝，記錄和交流創作過程中的製作要領。
4. 為幼稚園六一兒童節的表演活動設計一個活動方案。

課堂二：幼稚園環境創設

# 課堂二：幼稚園環境創設

# 任務一：幼稚園圓角的創設

## 一、任務目標

### （一）終極目標

學會設計製作「娃娃家」圓角。

### （二）促成目標

1. 能根據不同主題和要求進行圓角設計。
2. 透過案例學習掌握不同類型的圓角製作。

## 二、工作任務

設計製作「娃娃家」圓角。

## 三、任務導入

新學期開學啦，欣欣小朋友四歲了，進入幼稚園小班；蓉蓉小朋友今年五歲，在讀該幼兒園中班；元元是大班的小姐姐了。不同年齡層次的小朋友，有時也需要共同活動的區域。幼稚園老師打算設計並製作一些適合各個年級孩子的活動圓角。你手中有各色卡紙、泡沫紙、瓦楞紙，希望你幫她設計並用 KT 板製作「娃娃家」圓角模型，並完成任務單的填寫，見表 2-2-1。

任務一：幼稚園圓角的創設

表 2-2-1 任務單

| 名稱 | 立意構思 | 材料選擇 | 色彩搭配 | 整體造型 |
|------|----------|----------|----------|----------|
| 娃娃家 |  |  |  |  |

## 四、任務分析

圓角創設要圍繞主題，遵循幼稚園環境創設的基本原則：安全性原則、適宜性原則、自主性原則、開放性原則和經濟性原則。

安全性原則：使用材料、放置的玩具物品等和製作的成品都不能存在安全隱患。

適宜性原則：遵循小朋友發展規律，符合小朋友年齡特徵。

自主性原則：尊重小朋友在環境中的主體地位。

開放性原則：空間、內容和參與性上都體現出開放的理念。

經濟性原則：因地制宜，體現空間使用的多功能性和材料使用的多功能性。

整個製作過程，是學前專業學生對之前所學手工課程的綜合運用。本項目的學習活動由於條件限制，只能用 KT 板搭建的模擬高低「牆面」來製作出各圓角作品，學生製作中可以標注實際教學中使用的環保材料。

## 五、知識點睛

幼稚園圓角占地面積較小，不影響其他活動區域，還可以根據不同時期的不同需要，隨時調整圓角空間和內容，開發潛力大。

### (一)幼稚園圓角

類型有：娃娃家、建構區、閱讀區、美工區、自然角、操作區、遊戲表演區、科學發現區、益智區。（圖 2-2-1）

## 課堂二：幼稚園環境創設

(a)　　　　(b)　　　　(c)　　　　(d)

(e)　　　　(f)　　　　(g)　　　　(h)　　　　(i)

圖 2-2-1 幼稚園圓角類型

### (二)各年齡層圓角安排

1. 小班：(1) 娃娃家；(2) 建構區；(3) 閱讀區；(4) 美工區；(5) 自然角；(6) 操作區。
2. 中班：(1) 娃娃家；(2) 建構區；(3) 閱讀區；(4) 美工區；(5) 自然角；(6) 操作區；(7) 遊戲表演區。
3. 大班：(1) 娃娃家；(2) 建構區；(3) 閱讀區；(4) 美工區；(5) 遊戲表演區；(6) 科學發現區；(7) 益智區。

## 六、製作方法

### (一)工具材料

**1. 工具材料**

材料有 KT 板，各色卡紙、海綿紙、瓦楞紙及其他環保材料等；工具有各種膠、美工刀、剪刀。

### (二)色彩搭配

小朋友喜愛鮮豔的色彩，製作時應儘量選擇顏色鮮亮的材料。

## (三)製作步驟

### 1. 構思設計

在幼稚園環境創設原則的基礎上,根據小朋友所在年級的要求,構思設計並畫出草圖。每個圓角的設計,都應和該圓角功能吻合,且以小朋友感興趣的形象為主,達到吸引小朋友進行區角活動的目的。構思設計中要特別注意兩點:

第一,在幼稚園環境創設中,應儘量使用環保材料,對小朋友進行正確的環保引導。圓角的小圍牆可以使用廢舊紙箱子、廢舊輪胎等材料堆疊固定(由於大小比例原因,本書教程裡使用 KT 板代替),提倡材料的迴圈利用。

第二,所建圓角從選材到設計必須以小朋友安全為第一要求,在圓角建好以後,幼師最好蹲到小朋友一樣高度檢查是否有安全隱患。

### 2. 搭建框架

根據圓角的面積大小,用合理的材料搭建框架(對教材模型和幼師學生作品模型不做大小限制)。

### 3. 裝飾點綴

在框架上根據設計思路運用各種手工製作技巧,如畫、剪、摺、卷、貼等,逐步完成最後的製作。

### 4. 放置玩具

根據需要,在圓角放置相對應的玩具、學具等(教材中模型製作可以省去這一步)。

## 七、任務評價

學生自由組合,6 人一組,選出組長。利用各色卡紙、泡沫紙、瓦楞紙,可根據設計自行添加裝飾物等素材,製作圓角設計模型,並完成表 2-2-2。

## 課堂二：幼稚園環境創設

### 表 2-2-2 任務評價表

| 班級 | | 指導教師 | | 組長 | |
|---|---|---|---|---|---|
| 參加組員 | | | 作品名稱 | | |
| 評價指標 | 評價標準 | | 分值 | 得分 | |
| 圓角設計 | 目標明確，內容與圓角功能符合 | | 10 | | |
| 創意 | 有新意、有創意，有趣味性和遊戲性 | | 20 | | |
| 造型 | 造型準確美觀，能吸引小朋友入內活動 | | 20 | | |
| 製作 | 工藝精湛，色彩活潑 | | 20 | | |
| 環保 | 1. 使用材料儘量為環保材料<br>2. 完成後教室和桌面整理乾淨 | | 10 | | |
| 協作 | 與其他同學共同合作且合作良好 | | 10 | | |
| 安全 | 1. 材料和設計對小朋友無安全隱患<br>2. 小心使用刀具，用完統一上交保管 | | 10 | | |
| 得分 | | | | | |
| 小組自評（20%） | 小組互評（20%） | 教師評價（60%） | 綜合評價 | | |
| 備註 | 評價：優（A，85～100分）、良（B，75～84分）、合格（C，60～74分）、不合格（D，60分以下），按相應等級字母或分數填入。 | | | | |

## 八、活動案例

### (一)「娃娃家」圓角的製作構思

#### 1. 主題表達

此案例設計，以玩具為主體形象，背景牆用童話城堡輪廓，內貼小朋友喜愛的各種玩具剪影作為裝飾，牆面及小朋友進出的小門製作成小火車樣式。「娃娃家」圓角可以穩定小朋友的焦慮情緒，使其適應從家庭到幼稚園的生活過渡。可以請家長帶來小朋友在家裡最喜歡的玩具在「娃娃家」玩耍，吸引孩子的注意力，減少他們的不適感。圓角內由老師根據班級實際情況，放置置物架、小桌椅等物品。

#### 2. 材料和工具

（1） 材料：KT 板、各色卡紙、海綿紙、瓦楞紙。

（2） 工具：剪刀、美工刀、各種膠。

#### 3. 色彩搭配

以熱情的紅色為主調的小火車，配以藍、黃、綠等顏色，使小火車更加鮮豔醒目。背景採用橘色單色線條勾勒形狀，顯得簡潔明亮，營造一個小朋友願意待下去且不會浮躁的環境。

### (二)「娃娃家」圓角的製作步驟

1. 設計草圖，如圖 2-2-2（a）所示。
2. 根據草圖，準備好背景刻圖、小火車、彩色點花、各種卡通剪影、草叢，如圖 2-2-2（b）至圖 2-2-2（e）所示。
3. 貼出背景牆面圖案（幼稚園實際圓角製作中，此處可用顏料繪製或用卡紙彩條拼貼），在「城堡」中加入玩具形象和標題，如圖 2-2-2（f）、圖 2-2-2（g）所示。
4. 根據草圖，正面空白處貼上草叢和裝飾，進出門製作成小火車車門

## 課堂二：幼稚園環境創設

　　　　樣式，貼上車頭車身，如圖 2-2-2（h）、圖 2-2-2（i）所示。
5. 左側面「矮牆」上貼小火車車廂，如圖 2-2-2（j）、圖 2-2-2（k）所示。
6. 右側面「矮牆」上貼草叢和裝飾點花，如圖 2-2-2（i）、圖 2-2-2（m）所示。
7. 將四面組合在一起，如圖 2-2-2（n）、圖 2-2-2（o）所示。
8. 觀察調整。

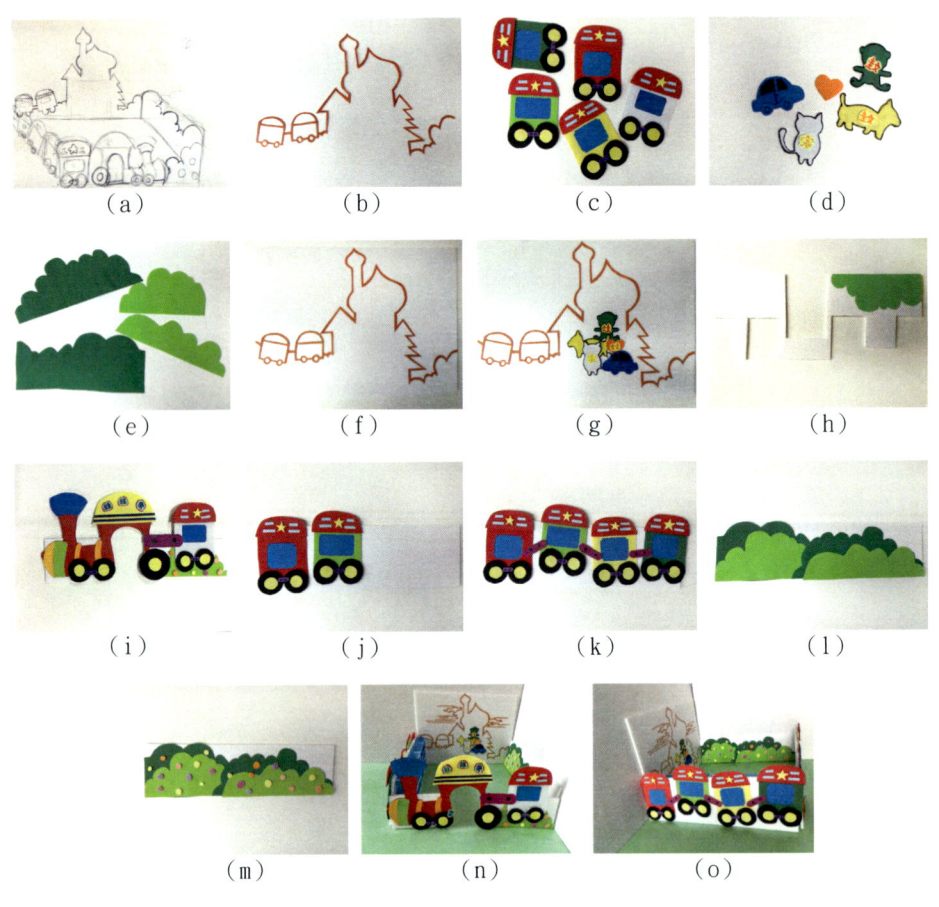

圖 2-2-2 「娃娃家」圓角的製作步驟

## 九、圓角設計參考圖片

圖 2-2-3　　　　　圖 2-2-4　　　　　圖 2-2-5　　　　　圖 2-2-6

**練一練**

1. 其他「美工區」「自然角」「閱讀區」的設計製作。
2. 小班「美工區」的設計製作；中班「遊戲表演區」的設計製作；大班「科學發展區」的設計製作。
3. 設計製作「操作區」，記錄和交流創作過程中的心得和經驗。
4. 以「益智區」為活動背景，設計大班活動方案—《有趣的實驗》。

# 任務二：幼稚園走廊的創設

## 一、任務目標

### (一)終極目標
學會製作「家園」走廊。

### (二)促成目標
1. 透過案例學習掌握不同類型的走廊製作。
2. 能根據不同主題和要求進行走廊設計。

## 二、工作任務

設計製作「家園」走廊。

## 課堂二：幼稚園環境創設

### 三、任務導入

星星班、月亮班、太陽班走廊上新刷的粉牆感覺太單調了，小朋友們不喜歡。你手中有各色卡紙、泡沫紙、瓦楞紙，小朋友們的作品袋，廢舊紙杯、紙盤、紙箱等材料，請你幫這三個班的老師設計一下，使她們都有各自班級特色的走廊，並用 KT 板模擬走廊，製作「家園」走廊模型，完成任務單填寫，見表 2-2-3。

表 2-2-3 任務單

| 名稱 | 立意構思 | 材料選擇 | 色彩搭配 | 整體造型 |
|---|---|---|---|---|
| 家園 |  |  |  |  |

### 四、任務分析

主題走廊以幼稚園環境創設的基本原則為指引，透過構思設計、材料選擇、色彩搭配來製作。

#### (一)構思設計

突出主題，營造氛圍。

#### (二)材料選擇

選擇的主材料要契合主題。

#### (三)色彩搭配

色彩鮮明，搭配協調、美觀。

#### (四)製作工藝

靈活使用剪、卷、撕、貼等手工工藝。

整個製作過程，是對之前學習的手工課程的綜合運用。走廊樓梯部分不能過度裝飾，分散小朋友注意力，影響安全。本項目的學習活動中，使用 KT 板搭建類比走廊來完成作品創作。

## 五、知識點睛

### (一)幼稚園走廊設計注意事項

幼稚園走廊是小朋友活動比較集中的區域，首先要考慮安全因素，不能堆放任何影響小朋友活動的裝飾物品，地面不能使用光滑材料。布置重在氣氛的渲染和小朋友興趣的引導，因此在教學期間應結合主題和季節經常進行更換，還要突顯幼稚園班級文化和相應的學校氛圍。

### (二)幼稚園走廊設計構成元素

1. 班級名牌欄和家園共育欄：幼稚園班級名牌欄應具備班級特點或與班級名字相關或與整面牆設計搭配。家園共育欄是幼稚園幼師與家長互動，共同討論孩子有效發展的載體，可以有一週計畫、育兒知識、健康心語、孩子的話等內容。如圖 2-2-7 所示。

2. 牆面裝飾：幼稚園走廊牆飾是展示幼稚園班級文化的重要途徑，具有教育功能和審美功能。如圖 2-2-8 所示。

圖2-2-7 　　　　　　　　　　　圖2-2-8

3. 門窗裝飾：幼稚園門窗在設計中要注意合理性，使用材料不能有尖銳的棱角。在整個走廊範圍內，創造設計有趣、生動的環境。因為需懸掛黏貼，不能使用過重材料，以免造成安全隱患。窗戶裝飾時要特別注意不要過度裝飾，影響採光。如圖 2-2-9、圖 2-2-10 所示。

## 課堂二：幼稚園環境創設

4. 吊飾：幼稚園吊飾必須使用安全輕便的材料，穩固懸掛。吊飾最好能與牆飾成為一個整體環境。幼教師給小朋友提供活動所需的各種相關材料，讓小朋友在自己的創造能力基礎上，創作出貼近自己生活的形象，營造互動式教學環境。如圖 2-2-11 所示。

圖2-2-9　　　　　　　圖2-2-10　　　　　　　圖2-2-11

## 六、製作方法

### (一) 工具材料

KT 板、各色卡紙、海綿紙、瓦楞紙及其他環保類裝飾材料，各種膠、美工刀、剪刀。

### (二) 色彩搭配

走廊色彩不僅影響孩子的審美，還會影響人的心情，因而應該有一個整體色調，在這個色調環境下，搭配小朋友喜愛的鮮豔色彩，並根據場合和內容的不同，合理配色，突出主題。

### (三) 製作步驟

1. 構思設計：走廊設計首先要選擇合適的內容和主題進行構思。在注意保障小朋友安全和儘量使用環保材料前提下，不同的走廊儘量採用不同的表現技法，並畫出草圖。注意門窗部分留出單獨裝飾，主題牆部分在留白的同時考慮頂部吊飾的配合。根據具體的環境、教育教學活動需要，組合不同的造型要素拼貼而成的牆面裝飾具有半立體的裝飾效果，可以彌補平面造型單調、樣式單一的不足。

2. 收集材料：根據設計，收集生活中的環保安全物品準備製作（本任務中因為大小限制，使用紙張代替）。
3. 製作完成：根據草圖，運用以前學過的各種手工製作技巧，畫、剪、摺、卷、貼等，完成最後的模型製作。
4. 整理搭建：將製作好的兩個牆面和頂部配上地板，搭建在一起。

## 七、任務評價

學生自由組合，6人一組，選出組長。利用各色卡紙、泡沫紙、瓦楞紙，根據學生自己的設計，可以自行添加裝飾物等素材，製作圓角設計模型，並完成表2-2-4。

### 表2-2-4 任務評價表

| 班級 | | 指導教師 | | 組長 | |
|---|---|---|---|---|---|
| 參加組員 | | | 作品名稱 | | |
| 評價指標 | 評價標準 | | 分值 | 得分 | |
| 構思 | 目標明確，主題鮮明 | | 10 | | |
| 創意 | 有新意，有創意。有趣味性和遊戲性 | | 20 | | |
| 造型 | 造型準確美觀 | | 20 | | |
| 製作 | 工藝精緻，色彩活潑 | | 20 | | |
| 環保 | 1. 使用材料儘量為環保材料<br>2. 完成後教室和桌面整理乾淨 | | 10 | | |
| 協作 | 與其他同學共同合作良好 | | 10 | | |
| 安全 | 1. 材料和設計對小朋友零安全隱患<br>2. 小心使用刀具，用完統一保管 | | 10 | | |

## 課堂二：幼稚園環境創設

| 得分 | | | |
|---|---|---|---|
| 小組自評<br>（20%） | 小組互評<br>（20%） | 教師評價<br>（60%） | 綜合評價 |
| 備註 | 評價：優（A，85～100分）、良（B，75～84分）、合格（C，60～74分）、不合格（D，60分以下），按相應等級字母或分數填入。 | | |

## 八、活動案例

### （一）「家園」走廊的製作構思

#### 1. 主題表達

鱗次櫛比的房屋樹木組成的「家園」場景走廊，巧妙地將走廊中的門窗嵌入場景中的門和牆面，頂面裝飾天空背景，為小朋友營造了一個安靜和諧的牆面環境。

#### 2. 材料和工具

（1）材料：KT板和各色卡紙、瓦楞紙。

（2）工具：剪刀、美工刀、各種膠。

#### 3. 色彩搭配

在黃綠色的環保主色調基礎上點綴橘、紅、藍、白、黑色，整體色調安靜和諧又不失活潑。頂部飾紙立體白雲和鮮豔的黃紫色熱氣球呼應走廊色彩。

### （二）「家園」走廊的製作步驟

#### 1. 設計草稿

牆面一、牆面二和配套的班級名牌和家園共育牌草圖，規劃好門窗位置，在低矮處留下懸掛小朋友作品袋的位置，主題牆部分留白。（圖2-2-12、圖2-2-13）

## 任務二：幼稚園走廊的創設

### 2. 牆面一

(1) 根據草圖，在 KT 板模擬牆面上定好前後門、窗戶、班級名牌和家園共育牌的位置，準備好大小合適的各色牆面、屋頂、花草樹木等。(圖 2-2-14、圖 2-2-15)

(2) 從左至右，先貼出大面積的草叢和牆面。(圖 2-2-2-16、圖 2-2-17)

(3) 貼上裝飾用窗戶、花朵，準備大小合適的班級名牌和家園共育牌。(圖 2-2-18、圖 2-2-19)

(4) 填充製作好班級名牌、家園共育牌。(圖 2-2-20)

(5) 將班級名牌和家園共育牌貼在相應的位置。(圖 2-2-21)

(6) 把小朋友作品袋「掛上」。(圖 2-2-22)

(7) 調整、整理。

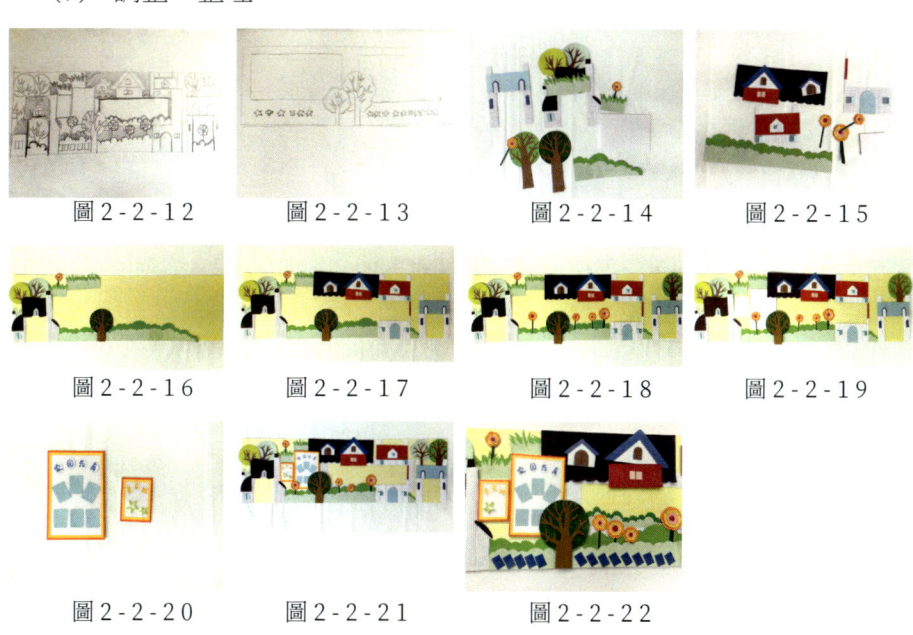

圖 2-2-12　　圖 2-2-13　　圖 2-2-14　　圖 2-2-15

圖 2-2-16　　圖 2-2-17　　圖 2-2-18　　圖 2-2-19

圖 2-2-20　　圖 2-2-21　　圖 2-2-22

### 3. 門窗

(1) 製作與牆面協調的門窗裝飾材料零件。(圖 2-2-23 至圖 2-2-25)

143

## 課堂二：幼稚園環境創設

圖2-2-23 　　　　　　　圖2-2-24 　　　　　　　圖2-2-25

(2) 將前門的草叢和樹木貼上。( 圖 2-2-26、圖 2-2-27)
(3) 將後門的草叢和花朵貼上。( 圖 2-2-28、圖 2-2-29)
(4) 窗戶因為採光，草叢儘量貼矮。( 圖 2-2-30)

圖2-2-26 　　　　　　　圖2-2-27 　　　　　　　圖2-2-28

圖2-2-29 　　　　　　　圖2-2-30

### 4. 牆面二

(1) 製作出牆面二的窗戶位置和對應牆面一的裝飾樹。( 圖 2-2-31、圖 2-2-32)
(2) 貼上裝飾樹木。( 圖 2-2-23)

任務二：幼稚園走廊的創設

(3) 製作並在空位置貼上適合小朋友的簡單算式，不一定是**數字**，可以用小朋友喜歡的符號（比如星星）代替。（圖 2-2-34、圖 2-2-35）

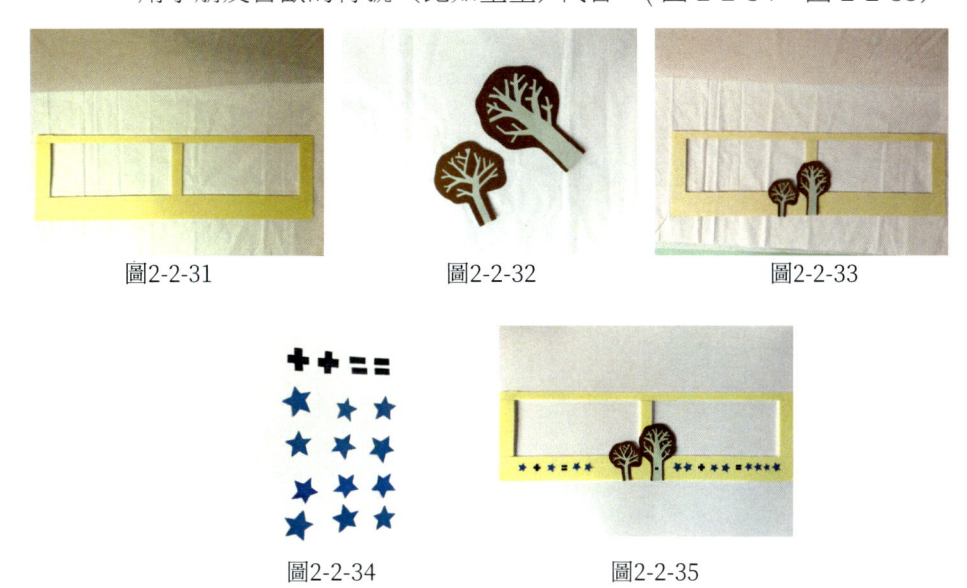

圖2-2-31　　　　　　　圖2-2-32　　　　　　　圖2-2-33

圖2-2-34　　　　　　　圖2-2-35

## 5. 吊飾

(1) 製作紙立體白雲，貼上吊繩。（圖 2-2-36、圖 2-2-37）
(2) 製作黃紫色熱氣球。（圖 2-2-38）
(3) 將熱氣球和白雲懸掛在藍色天花板上，繩頭部分不美觀，使用黃色小星星黏貼遮住。（圖 2-2-39、圖 2-2-40）

課堂二：幼稚園環境創設

6. 整理完成。(圖 2-2-41 至圖 2-2-44)

圖2-2-36

圖2-2-37

圖2-2-38

圖2-2-39

圖2-2-40

圖2-2-41

圖2-2-42

圖2-2-43

圖2-2-44

**練一練**

1. 設計製作大班「我和我的好朋友」走廊。
2. 設計製作小班「童話城」走廊，記錄和交流創作過程中的心得和經驗。
3. 用「海底世界」走廊為活動背景，設計大班活動方案—《奇幻旅程》。

# 任務三：幼稚園主題牆的創設

## 一、任務目標

### (一)終極目標

學會設計製作「春天來了」主題牆。

### (二)促成目標

1. 透過案例學習掌握主題牆的製作方法。
2. 能根據不同主題和要求進行主題牆的設計製作。

## 二、工作任務

設計製作「春天來了」主題牆。

## 三、任務導入

小朋友們最近對春季、色彩和環保等事物有了一定的接觸和認知。你手中有小朋友的各種作品，有各種小朋友活動照片以及各色卡紙、瓦楞紙以及廢報紙、廢紙盤等各種環保材料，請你根據這些主題內容設計主題牆，並用KT板模擬牆面，完成「春天來了」主題牆的設計制作，並完成任務單的填寫，見表2-2-5。

表 2-2-5 任務單

| 名稱 | 立意構思 | 材料選擇 | 色彩搭配 | 整體造型 |
|---|---|---|---|---|
| 春天來了 | | | | |

## 四、任務分析

幼稚園主題牆是小朋友學習活動成長過程的體現；是區域活動、教育活

## 課堂二：幼稚園環境創設

動的記錄和展示；是聯絡幼教師、小朋友、家長三方面的紐帶；是幼稚園與家庭的共同參與，共同分享。幼稚園主題牆一般布置在班級外走廊，便於小朋友觀察操作。本項目的學習活動使用 KT 板模擬牆面來制作出各個作品。

活動構思：結合幼稚園關於春天的活動設計，主題鮮明，板塊合理。

材料選擇：在保證安全的前提下，選用環保、節約的材料。

色彩搭配：以明快的色調為主。

製作完成：充分體現製作者的設計能力和動手能力

### 五、知識點睛

#### （一）主題牆概論

主題性牆飾是指在主題活動背景下，圍繞主題內容，以教室牆面為主，採用多種方式呈現的，可供小朋友、教師等互動的教育環境。幼稚園主題牆創設，應注意結合預設課程、生成課程、小朋友的興趣特點進行布置。既關注外在美，讓小朋友得到感官的愉悅，又關注內在美，讓小朋友獲得有益身心發展的經驗。

根據每週主題內容，可以設置一塊主題牆，每週更換；也可以設置一月主題牆，三到四個板塊，每週更替。

#### （二）主題牆創設的原則

安全性原則、主題性原則、參與性原則、藝術性原則、動態性原則、經濟性原則。

### 六、主題牆的設計製作方法

#### （一）分析主題內容，構思網路圖

根據主題，分析該主題可以從哪些方面入手對小朋友進行引導，生成二級主題；每個二級主題範圍內，又可以從哪些更小的方面作為切入點再生成子主題；這些子主題可以用哪些幼兒活動進行推進，具體到小朋友活動項目。

任務三：幼稚園主題牆的創設

比如《汽車開來啦》主題，可以羅列出如乘車注意事項、汽車的種類、汽車的外形結構、汽車的相關職業等二級主題。其中，乘車注意事項可以繼續分析羅列出乘車安全、乘車禮儀等子主題。乘車禮儀可以用「文明小乘客」（班級主題活動角色扮演）、「動物汽車嘀嘀嘀」（和家長共製服裝、面飾、頭飾完成舞臺劇形式）、「我可以」（塗鴉繪畫乘車禮儀）等活動形式呈現，見表2-2-6。

表 2-2-6

```
汽車開來啦
├─ 乘車注意
│   ├─ 乘車安全 ── 「文明小乘客」（班級主題活動角色扮演）
│   └─ 乘車禮儀 ── 「動物汽車嘀嘀嘀」（和家長共製服裝、面飾、頭飾完成舞台劇）
│                └─ 「我可以」（塗鴉繪畫乘車禮儀）
├─ 汽車種類
│   ├─ 載人 ── 兒歌《小汽車》（郵車等各種車子介紹，用對應圖片讓小朋友選取活動）
│   └─ 載貨 ── 「汽車好幫手」（討論生活中什麼時候用到什麼車子主題活動）
├─ 外形結構
│   ├─ 顏色
│   └─ 結構 ── 「拼貼小能手」（將幼師準備的車廂、車門、車燈、車窗等進行組合、黏貼）
│            └─ 「小小設計師」（想像繪製設計節能型汽車）
└─ 相關職業
    ├─ 司機 ── 「小車乾淨了」（培養幼兒的衛生習慣）
    ├─ 售後員工 ── 「推銷小能手」（角色扮演，售車員和顧客）
    ├─ 加油員工 ── 「我的維修店」（想像繪製理想車行）
    └─ 製造業
```

## (二)選取設計板塊內容

在羅列的網路圖內容中，選取三四個適宜的活動計畫，在課堂或與家長協作完成這些活動計畫，並保存活動實施中的過程性資料。比如小朋友活動

149

## 課堂二：幼稚園環境創設

過程照片、小朋友繪畫手工作品、幼兒與家長共同完成的調查報告，等等。根據版面，將這些過程性資料或者活動內容以一種美觀的方式設計陳列到主題牆上。

### (三)選擇材料

主題牆選材上必須注意安全性和環保性。所選取的製作材料不能對小朋友產生任何安全威脅，造成安全事故。在此前提下儘量使用環保節約型材料。

### (四)框架上牆

將所設計的活動板塊框架題目以及整個主題牆的主題按照設計上牆。這一過程可以在所有子板塊活動進行前就完成，具體內容部分留白。

### (五)內容填充

每個活動結束後，將活動過程性資料或內容填充進對應框架內的留白區域。

### (六)整理完成

## 七、任務評價

學生自由組合，6人一組，選出組長。利用各色卡紙，泡沫紙、瓦楞紙，根據學生自己的設計，可以自行添加各種其他裝飾物等素材，製作主題牆設計模型，並完成表2-2-7。

### 表2-2-7 任務評價表

| 班級 | | 指導教師 | | 組長 | |
|---|---|---|---|---|---|
| 參加組員 | | | 作品名稱 | | |
| 評價指標 | 評價標準 | | 分值 | 得分 | |
| 構思 | 活動目標明確，主題鮮明 | | 10 | | |

| 創意 | 有新意，有創意，有趣味性和遊戲性 | 20 | |
|---|---|---|---|
| 造型 | 造型準確美觀 | 20 | |
| 製作 | 工藝精緻，色彩活潑 | 20 | |
| 環保 | 1. 使用材料儘量為環保材料<br>2. 完成後教室和桌面整理乾淨 | 10 | |
| 協作 | 與其他同學合作良好 | 10 | |
| 安全 | 1. 材料和設計對小朋友零安全隱患<br>2. 小心使用刀具，用完統一保管 | 10 | |
| 得分 | | | |
| 小組自評（20%） | 小組互評（20%） | 教師評價（60%） | 綜合評價 |
| 備註 | 評價：優（A，85～100分）、良（B，75～84分）、合格（C，60～74分）、不合格（D，60分以下），按相應等級字母或分數填入。 | | |

## 八、活動案例

### (一)「春天來了」主題牆的製作構思

#### 1. 主題表達

以剪紙疊加為裝飾背景，呈現初春樹林的景觀，並用淡黃色的嫩葉巧妙分割出三個板塊。用廢紙盤（因為大小限制，此案例圖中用瓦楞紙代替）製作的小雞和小鳥也是春天新生命的象徵，這些小動物可由小朋友製作。整個主題牆呈現三個活動設計。

「快快長」是「自然角」圓角活動和手工活動的延伸，小朋友可以使用廢

## 課堂二：幼稚園環境創設

棄舊紙盤子製作自己觀察的簡單的自然角動植物形象，並在旁邊貼上老師準備的表格（因大小限制，此案例圖中表格也簡單表示）。表格內容由家長和孩子協作完成，可以是孩子口述家長文字記錄，鍛鍊小朋友的口語表達能力；也可以是孩子和家長共同以簡筆劃或文字形式表現。

| 寶貝觀察員 ＿＿＿＿＿ | 觀察對象 ＿＿＿＿＿ | |
|---|---|---|
| | 大小 | 顏色 |
| 第一周 | | |
| 第四周 | | |
| 第七周 | | |

「尋找春天」以一次幼稚園集體郊遊活動為前提，讓小朋友在春遊中觀察春天帶來的變化。樹葉、花草、人們的衣著、天氣、放風箏遊戲，等等，將這些觀察到的內容以塗鴉的方式呈現。教師為塗鴉提供邊框。

「春季保健」可以以班級主題活動方式進行。小朋友和老師一起討論總結一些春季必需的小朋友的保健知識和注意事項，用照片的方式記錄下這一活動，黏貼到主題牆上。

### 2. 材料和工具

(1) 材料：KT 板、各色卡紙和瓦楞紙。

(2) 工具：剪刀、美工刀、各種膠。

### 3. 色彩搭配

深、淺綠色主背景，烘托春天主題。鮮豔的題目和點綴動物色彩增加了春天的繽紛感。

### (二)「春天來了」主題牆的製作步驟

1. 準備好各色卡紙並裁剪成適合大小，將底層的淺藍色背景貼在 KT

## 任務三：幼稚園主題牆的創設

板上，如圖 2-2-45、圖 2-2-46 所示。

2. 按照設計草圖，將由深到淺三種顏色的卡紙裁剪成需要的草木圖案，如圖 2-2-47、圖 2-2-48 所示。
3. 把準備好的草木圖案逐一黏貼到背景色卡紙上，如圖 2-2-49、圖 2-2-50 所示。
4. 繪製完各個的子標題和主標題，搭配鮮豔的色彩，如圖 2-2-51 所示。
5. 用顏色鮮豔的瓦楞紙（幼稚園實際操作中使用廢舊紙盤子上色）為材料製作一隻小雞，如圖 2-2-52、圖 2-2-53 所示。
6. 按照這種方法，用瓦楞紙（幼稚園用廢紙盤）製作其他小動物，如圖 2-2-54 所示。
7. 把做好的小動物貼在合適的位置上，同時按設計貼好主標題、子標題，完成主題牆框架的搭建，如圖 2-2-55 所示。
8. 照片兩側繪製上老式相機底片的方格並貼在「春季保健」區域，如圖 2-2-56、圖 2-2-57 所示。
9. 將製作的簡單動植物圖案和調查表格貼在一起，並貼在「快快長」區域，如圖 2-2-58、圖 2-2-59 所示。
10. 把「塗鴉作品」畫上各色邊框並貼在「尋找春天」區域，如圖 2-2-60、圖 2-2-61 所示。
11. 整理完成。

## 課堂二：幼稚園環境創設

圖2-2-45

圖2-2-46

圖2-2-47

圖2-2-48

圖2-2-49

圖2-2-50

任務三：幼稚園主題牆的創設

圖2-2-51

圖2-2-52

圖2-2-53

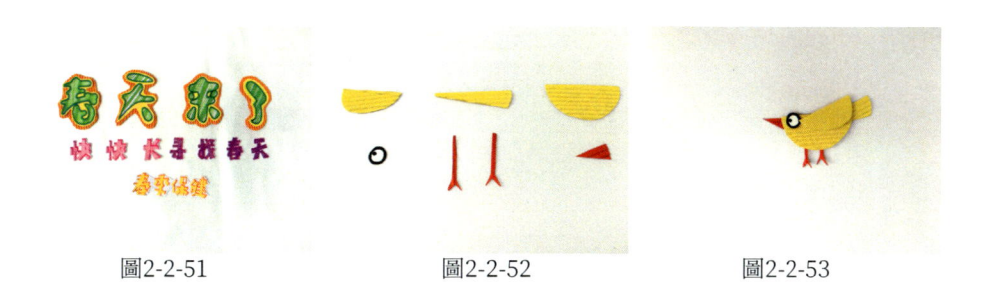

圖2-2-54

圖2-2-55

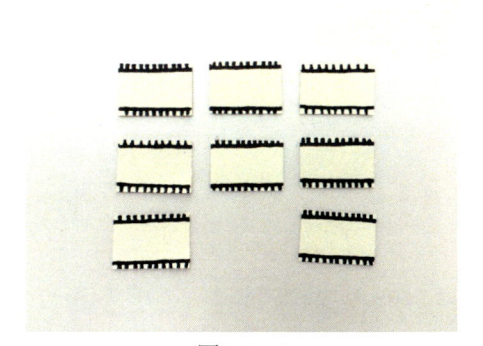

圖2-2-56

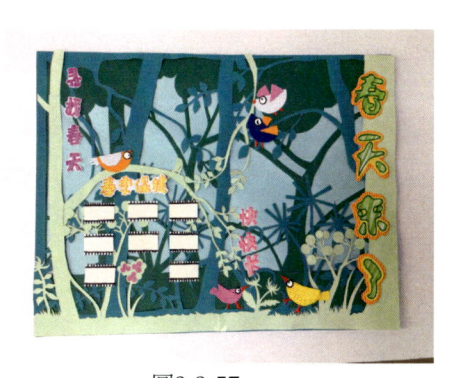

圖2-2-57

155

## 課堂二：幼稚園環境創設

圖2-2-58

圖2-2-59

圖2-2-60

圖2-2-61

**練一練**

1. 大班「我心中的小學」主題牆的設計製作。
2. 小班「幼稚園真快樂」主題牆的設計製作。
3. 設計製作「金色秋天」主題牆，記錄和交流創作過程中的心得和經驗。
4. 用「小朋友才藝」為活動背景，設計大班活動方案─《小小的我們大大的能量》。

# 下篇
## 幼稚園活動實踐案例

課堂一：紙手工

# 課堂一：紙手工

# 活動一：撕貼—美麗的小花園（小班）

## 一、活動目標

1. 學會沿邊線手撕花朵，掌握撕紙的技巧。
2. 訓練手指的靈活性。
3. 體驗撕貼的快樂以及合作的愉快情緒。

## 二、活動準備

1. 一幅大背景圖（畫上一棵樹和一圈籬笆，一朵帶有難過表情的小花）。
2. 畫有花朵輪廓的各色操作紙若干，漿糊、抹布每組一份。
3. 兒歌《春天到》，純音樂《月光仙子》。

## 三、活動重難點

學會沿邊線手撕花朵，掌握撕紙的技巧。

## 四、活動過程

(一) 小朋友隨音樂《春天到》進活動室

(二) 出示大背景圖

春天來了，我們去花園裡看看吧。提問：

1. 圖上有什麼？
2. 大大的花園裡只有一朵花兒，它的心情怎麼樣？
3. 我們可以用什麼辦法讓小花兒開心起來呢？教師總結小朋友們的辦法，引導他們進行下一步活動：「那我們一起來做花兒送到花園裡，好嗎？」

**(三) 教師講解、示範撕紙花的方法**
1. 教師著重講解示範如何沿邊線撕紙。
2. 「花兒做好了，我們怎麼把它送到花園裡呢？」（示範黏貼到花園裡面）

**(四) 小朋友操作，教師巡迴指導（期間播放輕音樂《月光仙子》）**
1. 教師提出操作的要求：
    (1) 大膽嘗試；
    (2) 能夠將撕掉的紙屑放在固定的籃子裡。
2. 小朋友操作，教師注意個別指導。
3. 教師表揚、鼓勵相互謙讓、幫助的小朋友。

**(五) 展示欣賞作品，體驗與同伴合作的快樂**
「呀，你們幫小花兒找到了這麼多朋友，變出來了一個美麗的花園，我們一起去看看吧。你最喜歡花園裡的哪朵花兒，為什麼呢？」

## 五、活動延伸

1. 在美術區活動中為小朋友提供不同形狀的輪廓紙，繼續提高小朋友撕紙和黏貼的技巧。
2. 在日常生活中積極鼓勵小朋友相互合作、幫助。

# 活動二：圖形拼貼畫 —— 漂亮的小汽車(中

## 課堂一：紙手工

班)

### 一、活動目標

1. 運用各種圖形進行黏貼、拼貼。
2. 嘗試自主地選擇圖形，組合成形狀不同的汽車。
3. 激發孩子對拼貼畫活動的興趣，讓他們體驗活動的樂趣。

### 二、活動準備

#### (一)物品準備

各種用圖形構建的汽車圖片、背景馬路圖片（三角形、圓形、橢圓形等若干圖形）、各色色紙、剪刀、膠棒、雙面膠。

#### (二)知識準備

有過拼貼畫的經驗。

### 三、活動重難點

運用各種圖形進行黏貼、拼貼。

### 四、活動過程

#### (一) 情境導入

老師：「小朋友們，今天老師走路上班遲到了。你們可以幫老師想一想怎麼樣去上班不會遲到嗎？」

孩子們：「坐小汽車、麵包車……」

#### (二) 欣賞各種小汽車

1. 教師出示汽車圖片，問：「這是什麼？汽車有多種多樣的，你們還知道哪些車？」

2. 進一步讓小朋友們了解汽車的形狀特徵。
    (1) 師：「孩子們，讓我們一起來觀察一下這輛小汽車，它是由很多圖形寶寶組成的，我們一起來找找看都是哪些圖形寶寶藏在了小汽車裡面。」
    (2) 教師出示公共汽車，小朋友找圖形寶寶並講一講是汽車的哪個部分。
    (3) 教師出示挖掘車，小朋友找圖形寶寶並講一講是汽車的哪個部分。

(三) 引導小朋友操作拼貼自己心目中喜愛的小汽車

1. 教師出示準備好的若干圖形並引導小朋友觀察、想像這些圖形可以變成小汽車的什麼零件。
2. 教師發放準備好的若干圖形，引導小朋友自己用圖形拼貼不同的小汽車。
3. 教師指導小朋友把拼貼好的小汽車黏貼在背景馬路圖片上，要求孩子保持桌面乾淨整潔。
4. 黏貼好後，讓小朋友把自己的手工紙拿出來添加一些自己喜歡的東西到作品上。

(四) 操作活動

小朋友操作，教師巡迴指導。對獨立完成有困難的小朋友，教師應重點輔導，可以幫助小朋友先畫上輪廓線。

(五)「我的小汽車」作品展示

小朋友拿著自己的作品展示並講解自己的小汽車用了哪些圖形進行拼貼。

課堂一：紙手工

# 活動三：雕刻 —— 鏤空小狗（大班）

## 一、活動目標

1. 透過觀察與討論了解鏤空小狗的製作方法。
2. 能夠用繪畫、雕刻的方式表現鏤空小狗。
3. 感受此活動的樂趣，喜歡上動手創作。

## 二、活動準備

### (一)物品準備

兒童刻刀、繪有小狗輪廓的圖紙、彩色筆、剪刀。

### (二)經驗準備

小朋友在日常活動中接觸過一些鏤空的花紋，會使用刻刀。

## 三、活動重難點

能夠用繪畫雕刻的方式表現鏤空小狗。

## 四、活動過程

### (一)活動導入，初步了解雕刻花紋

老師：「孩子們，我們知道十二生肖，2017年是雞年，你們知道2018年是什麼年嗎？」孩子們：「狗年。」

**1. 出示鏤空小狗圖片讓小朋友欣賞。**

老師：「這些小狗身上有哪些花紋？這些花紋是怎樣出來的？」

**2. 小朋友討論「小狗的新衣」。**

老師：「這些花紋就像為小狗穿上了漂亮的衣服。如果是你來設計，你會為小狗穿上一件有哪些花紋的新衣？」

## (二)小朋友創作雕刻

老師：「老師這裡有很多小狗的圖紙，但是他們都沒有穿上漂亮的衣服，我邀請小朋友們來幫小狗穿上漂亮的衣服。」

1. 小朋友每人一把刻刀，一盒彩色筆。
2. 一人發一張小狗輪廓圖。
3. 小朋友用刻刀在小狗輪廓圖上雕刻花紋（可以先畫再刻）。
4. 雕刻完成後沿著小狗輪廓剪下小狗。

## (三)講評作品，相互欣賞

請小朋友相互欣賞同伴的作品，講述自己的小狗穿了一件什麼樣的花衣裳，從鏤空圖案雕刻方法上講。

## 五、活動延伸

在區域活動中為小朋友提供材料，引導小朋友雕刻一些其他東西，如各種動物、花朵等。

# 活動四：立體紙藝撕紙 —— 重慶小麵（小班）

## 一、活動目標

1. 小朋友對撕紙活動產生興趣。
2. 小朋友學習用兩隻手協調配合地撕出「麵條」，嘗試利用彩色紙撕出「作料」、「蔬菜」等，並製作出一碗重慶小麵。
3. 小朋友的手眼配合協調能力有所提高，小肌肉得到發展，小朋友細心、專心、耐心等學習品質得到培養。

## 課堂一：紙手工

### 二、活動準備

#### (一) 經驗準備

小朋友在家長的帶領下觀察並品嘗重慶小麵。

#### (二) 物品準備

紙碗、白色紙（畫有直線和空白紙各一半）、各種彩色紙、重慶小麵圖片、「麵條」成品、廢紙筐、音樂。

### 三、活動重點

引導小朋友在撕撕玩玩中掌握兩隻手協調配合撕長條的基本技巧。

### 四、活動難點

能撕出「作料」、「蔬菜」等。

### 五、活動過程

#### (一) 激發興趣，引出活動

老師：「今天我們班上來了一位客人，她特別想吃一碗重慶的特色小麵，小朋友們，你們願意給她做一碗嗎？」

#### (二) 觀察麵條的顏色與形狀，學習撕麵條

**1. 觀察麵條的顏色、形狀。**

老師：「我們班的小朋友都吃過麵條，誰來說一說你吃過的麵條是什麼樣子的？（長長的、細細的、白白的）」

**2. 一起探討撕紙的方法，小朋友學習撕麵條。**

教師出示一根撕好的「麵條」，提問：「怎樣才能撕出又細又長的麵條呢？」

教師邊示範、邊總結：「兩隻小手碰一碰，一同捏在紙兩邊，拇指爸爸要

活動四：立體紙藝撕紙—重慶小麵（小班）

用力，撕開一個小口子，其餘手指來幫助，撕一撕、移一移，一點一點往下撕，長長的麵條撕好了。」

**3. 小朋友學習撕麵條。**

請個別小朋友到講臺前面進行撕紙，鞏固小朋友對撕紙方法的理解，能力強的可以在白紙上進行撕紙，能力稍弱的在畫有線條的白紙上撕紙。如果有撕成小塊的給一個哭臉圖示，撕成長條的給一個笑臉圖示。

**(三)觀察重慶小麵的特色，小朋友學習撕「作料」、「蔬菜」等**

**1. 上網查資料。**

一起上 Youtube 看看重慶小麵的影片，請小朋友觀察重慶小麵除了麵條，還要加什麼調味料(花椒、辣椒、鹹菜等各種調味料，蔬菜等)。

出示重慶小麵的圖片，總結：重慶小麵之所以出名，是因為裡面加了花椒、辣椒、鹹菜、醋、醬油、蔥花等十幾種調料，而裡面的花椒、辣椒最有特色。

**2. 小朋友學習撕作料蔬菜等。**

老師：「這裡有很多彩色紙，請小朋友想想小面裡面的辣椒、蔥花可以用什麼顏色的彩色紙來撕，這些作料要撕成什麼形狀呢？請一個小朋友來撕一撕。」

總結：不同的作料用不同顏色的彩色紙來撕，可以撕成一小塊一小塊的，撒在麵條上面。老師：「蔬菜應該用什麼顏色的彩色紙來撕？怎麼撕？」

總結：蔬菜可以用綠色的彩色紙來撕，按照蔬菜形狀來撕。

**(四)小朋友動手操作，教師觀察指導**

1. 交代要求。老師：「每個小朋友有一個碗，還有各種紙，請小朋友先用白色的紙撕出長長的、細細的「麵條」放在碗裡，然後用彩色紙撕出「辣椒」等各種作料灑在麵條上面，撕出「蔬菜」放在合適的位置，撕壞不要的紙放在桌上的紙框裡。比比誰的麵條又細又長，比

課堂一：紙手工

比誰做的麵條看起來更有食欲。」

2. 播放輕音樂，小朋友做麵條，教師指導。能力強的可以直接用白紙進行撕，能力稍弱的用畫有線條的白紙來撕。教師主要指導如何讓麵條撕得又細又長。

3. 煮麵條（播放背景音效，指導小朋友利用閒置時間將桌子和地面上的紙屑整理乾淨）。

**(五) 送重慶小麵給客人品嘗，小朋友自評、客人評價**

老師：「客人都等不及了，現在誰願意把你製作的重慶小麵端給客人品嘗呢？給客人品嘗的時候要說一說你的小麵哪裡做得好。」

## 六、活動延伸

1. 將小朋友製作的重慶小麵一部分放在生活區域中，讓小朋友餵娃娃吃麵條。

2. 將小朋友製作的重慶小麵一部分放在美工區進行展示，並提供紙張，鼓勵小朋友撕紙做許多細細的長麵條，不斷提高孩子靈活撕紙的能力。

# 活動五：立體紙藝 —— 摺紙活動：小魚的朋友（小班）

## 一、活動目標

1. 對摺紙活動產生興趣，樂意參與摺紙活動。
2. 了解小魚眼睛和嘴巴的具體位置並用水彩筆畫出來。
3. 學會使用對角錯位摺疊的方法摺疊小魚。

活動五：立體紙藝—摺紙活動：小魚的朋友（小班）

## 二、活動重點

喜歡摺紙活動，體驗摺紙的樂趣。

## 三、活動難點

學習對角錯位摺疊的方法。

## 四、活動準備

1. 海底世界背景創設：分別準備有很多條小魚的圖片和只有一條小魚的圖片。
2. 大小不同的各色正方形手工紙若干，每個小朋友兩張。
3. 固體膠每人一個、水彩筆若干、音樂《許多小魚遊來了》。

## 五、活動過程

### (一)開始部分：情境創設引入

情境:在海底世界，生活著許許多多的魚兒，它們每天都在一起做遊戲，玩得很開心。

有一天，這裡來了一條兇猛的鯊魚，小魚們非常害怕，慌忙地逃走了。但有一條聰明的小魚沒有逃，它藏到了石頭後面，等鯊魚走了，它就游出來了，可是它的朋友們都不見了，它很傷心，想要很多朋友陪它玩。（邊講邊出示背景圖片）

### (二)基本部分：學習小魚的摺法

**1. 出示範例，激發小朋友的活動興趣。**

提問：有什麼辦法可以幫小魚變出更多的朋友呢？

老師：「瞧！我的小魚漂亮吧？你們也可以一起來摺一摺，變出更多小魚哦。」

## 課堂一：紙手工

**2. 教師示範，並講解摺疊步驟圖。**

(1) 摺小魚的身體，將正方形紙錯位對摺成帽子的形狀。

老師：「我們先用正方形的紙變出小魚的身體，用上面的一個角去找下面的角，兩個角排成一排，小魚的身體就摺好了。」（請個別小朋友示範，提醒小朋友摺疊時兩個角錯開。）

(2) 摺小魚的尾巴，將長邊上的一個角往上摺。

(3) 畫上眼睛和嘴巴。提醒小朋友注意添加的位置。

老師：「翻過來看，小魚的外形已經摺好了，最後給小魚加上眼睛和嘴巴，一條漂亮的小魚就完成了。」

**3. 小朋友自主摺疊，鞏固方法。**

(1) 展示摺紙步驟圖，小朋友自主摺疊。

老師：「海底的小魚希望有很多的朋友一起玩，小朋友們還可以摺出更多的小魚嗎？」（教師個別指導，重點指導小朋友對角錯位的摺法。）

(2) 添加魚頭部眼睛時，注意位置要適當。

**(三)結束部分：展示評價**

**1. 小朋友相互交流評價。**

老師：「小朋友們都有自己的小魚了，你還可以為你的小魚找一個好朋友哦，說說你想找哪一條小魚呢，為什麼？」

**2. 將摺好的魚兒送到海底世界。**

老師：「我們給小魚變出了這麼多的朋友，把它們送到海底世界去吧。」在音樂聲中送小魚到海底世界。

## 六、活動延伸

1. 教師帶領小朋友在音樂的伴奏下，模仿魚兒游來游去。
2. 將小魚放置到美工區，引導小朋友為小魚添加花紋，進一步裝

飾小魚。

# 活動六：親子立體紙藝 —— 小小髮型師（中班）

## 一、活動目標

1. 小朋友學習用捲、黏貼等技巧來製作卷髮。
2. 小朋友能和家長商量、分工合作。
3. 小朋友體驗親子合作的快樂。

## 二、活動準備

1. 知識準備：見過卷髮，知道卷髮的特點。
2. 物品準備：電話，方向盤，音樂，假髮，一次性浴帽每人一份，彩色卡紙若干張，雙面膠若干個，大籃子多個，粗細不同的筆。

## 三、活動重點

小朋友學習用卷、黏貼等技巧來製作卷髮。

## 四、活動難點

能和家長商量、分工合作來完成製作。

## 五、活動過程

### (一)激發興趣，引出活動電話鈴響！

老師：「聽，什麼聲音？哦，我的電話響了，看看是誰打來的？餵，你

# 課堂一：紙手工

好！哇，真的嗎？好的，好的，謝謝，我們一定到！」

老師：「小朋友們，你們知道是誰打來的電話嗎？告訴你們，給老師打電話的是森林裡的虎大王，它邀請我們班的小朋友到森林裡參加森林舞會，你們想去嗎？可是虎大王說了，這是一個化裝舞會，要參加這個舞會就一定要有一頭漂亮的卷髮。大家都不是卷髮啊，那怎麼辦呢？快想想辦法。」（小朋友討論辦法。）

**（二）拿出卷髮，引導小朋友觀察、討論卷髮的製作方法**

**1. 出示假髮，引導小朋友觀察。**

教師將假髮戴在頭上讓小朋友欣賞。老師：「看，老師這裡就有一頭漂亮的假髮，好看嗎？你們看看這個漂亮的假髮是什麼顏色？什麼造型？可以用來參加森林舞會嗎？那你們想自己做一個嗎？看看它是用什麼材料做成的？原來是用浴帽和卡紙做成的。」

**2. 講解示範製作卷髮的方法。**

(1) 出示卡紙，讓小朋友想辦法將它變卷。

提問：「這個卡紙怎樣能變成彎彎的卷髮呢？你有什麼好辦法？來試一試。還有其他好辦法嗎？」

引導小朋友說出可以用手卷、摺的方法來製作卷髮，要將彩條全部卷起來。

(2) 出示兩支粗細不同的筆，讓小朋友看看它們有什麼不同。引導小朋友說出兩支筆粗細不同。「它們都可以幫助我們把卡紙卷起來，那我請你們猜猜，粗筆捲出來的是大卷還是小卷？那小卷又是由粗筆捲出來的還是細筆捲出來的呢？」引導小朋友說出粗筆捲大卷，細筆捲小卷。

(3) 教小朋友卷卷髮的方法並示範：「用兩隻手壓住卡紙一起往上卷，而且要卷到底，然後把筆輕輕地抽出來，你們看這樣頭髮就捲好了。有哪個小朋友學會了這種好辦法？我請他試著把剩下的頭髮卷一下。」（請 2 個小朋友

示範，老師在一旁帶領小朋友邊說方法邊做。）

(4) 教師邊講方法邊示範：「捲好卷髮後要撕掉後面的雙面膠，然後貼到浴帽上。貼的時候均勻一點、密一點，這樣假髮才好看。」

**(三)小朋友與家長共同製作假髮，教師巡迴觀察指導**

1. 提出活動要求，讓小朋友取材料的時候不要爭搶，撕掉的雙面膠要放在籃子裡。
2. 能與家長商量、分工合作，製作卷髮。

**(四)參加森林舞會**

等大部分小朋友和家長製作好後，教師鼓勵沒做完的小朋友和家長加快動作。

「我們要開車去森林參加舞會了，小朋友們繫好安全帶，扶好扶手，我們出發啦！」

**(五)森林舞會**

「嘟！到森林了，小朋友們，快來參加舞會吧！」（音樂起，小朋友戴著卷髮進行表演。）

# 活動七：立體紙藝 —— 銅梁龍（中班）

## 一、活動目標

1. 小朋友透過觀看影片了解重慶的銅梁龍文化，萌發熱愛家鄉的情懷。
2. 分工合作，用繪畫、摺紙、黏貼等多種方式製作銅梁龍。
3. 體驗分工合作的樂趣，培養小朋友的協作精神。

## 課堂一：紙手工

### 二、活動準備

1. 物品準備：A4大白紙、白色長條卡紙、筷子、黑色記號筆、雙面膠、剪刀、龍圖片，做好的龍珠。
2. 經驗準備：有雙面摺紙的經驗。

### 三、活動重點

小朋友能進行分工合作，完成作品。

### 四、活動難點

繪畫龍頭、龍尾部分。

### 五、活動過程

**（一）請小朋友觀看銅梁龍的影片，體會舞龍文化的魅力，激發小朋友的製作興趣**

**1. 小朋友經驗回顧。**

提問：「小朋友有沒有去銅梁看過舞龍呢？你看到的舞龍是什麼樣子？怎麼舞的？」

**2. 觀看舞龍影片，了解銅梁龍。**

提問：「銅梁龍精彩嗎？叔叔們是怎麼舞的？你們想不想玩舞龍遊戲？」

**（二）分解銅梁龍的製作方法，以組為單位分工製作銅梁龍**

**1. 請小朋友討論龍的結構。**

老師：「大家看了舞龍，也很想也試試舞龍，那麼這個龍我們該怎麼製作呢？龍是由哪些部分組成的？」（龍頭、龍身、龍尾。）

老師：「老師做了一隻小龍，我們來看看是怎麼做的。龍頭、龍尾是畫的，龍身是摺的。」

**2. 教師出示自製小龍和龍圖片，小朋友觀察分析製作方法。**

老師：「小朋友們，我們先來看看這個龍頭、龍尾是怎麼畫的。」

老師：「大家先來觀察圖中龍頭的部分，再看看龍尾的部分。桌上有白紙，小朋友們可以嘗試來畫一畫。」（教師觀察小朋友繪畫的情況，指導畫得好的小朋友，擬定畫龍頭龍尾的人選。）

**3. 教師將小朋友分為五人一組，將畫龍頭、龍尾比較好的小朋友平均分佈在每組，小朋友分組進行銅梁龍的製作。**

老師：「現在我們以五人一組製作銅梁龍，請小朋友自由選擇五個工種：畫龍頭（1人）、畫龍尾（1人）、摺龍身（1人）、黏貼（2人）。」（教師重點指導繪畫人員和摺疊人員。）

**(三)玩舞龍遊戲**

老師：「我們將製作好的龍帶到戶外來玩兒舞龍遊戲，小朋友兩人一組交替玩耍，一個小朋友舞龍珠。」

## 六、活動延伸

1. 將製作龍的材料放置到活動區，將製作步驟和畫龍圖片張貼在美工區供小朋友製作觀摩。
2. 將做好的舞龍道具放置在表演區供小朋友遊戲。

# 活動八：立體紙藝教案 —— 十二生肖爭第一（大班）

## 一、設計背景

《幼稚園教育指導綱要》（後稱《綱要》）在藝術領域中指出：「指導小朋

## 課堂一：紙手工

友利用身邊的物品或廢舊材料製作玩具、手工藝品等來美化自己的生活或發展其他活動。」因此，我將孩子們非常熟悉的一次性紙杯作為本次活動的材料，讓小朋友透過對紙杯進行繪畫、剪裁、黏貼等來體驗材料的多變性和易操作性，從而提高小朋友的想像力、動手操作能力、審美意識和能力，並激發小朋友的環保意識。

### 二、活動目標

1. 嘗試用紙杯設計、製作自己喜歡的小動物，感受紙杯的多變性、易操作性，進而提高想像力、創造力和動手能力。
2. 體驗製作活動帶來的樂趣，激發環保意識。

### 三、活動準備

1. 一次性紙杯。
2. 剪刀、雙面膠、雙面膠、色紙、水彩筆等。
3. 教師用紙杯製作的成品，如老鼠、小牛、老虎、兔子、龍等動物組成的故事畫─《十二生肖爭第一》。

### 四、活動重點

用紙杯製作小動物。

### 五、活動難點

自己在紙杯上設計造型。

### 六、活動過程

**(一) 導入活動，激發興趣**

1. 請小朋友欣賞作品。

「小朋友們，看看老師把誰請來啦？」

### 活動八：立體紙藝教案─十二生肖爭第一（大班）

出示教師作品，用紙杯製作的故事情景《十二生肖爭第一》，讓小朋友說一說都有哪些動物。

2. 以小動物們的口吻說：「小朋友們好！很高興認識你們，請你們看看我們是用什麼做的呢？」

小朋友回答：紙杯。

在導入情景時，教師注意滲透環保意識。

### (二)教師示範設計製作

1.「這些小動物真可愛，你最喜歡誰？」

讓小朋友說說自己的生肖屬相或家裡人的生肖屬相。

2. 以小兔子為例，教師進行示範製作。

老師：「看老師手裡有一個完整的紙杯，現在我要將它變成一隻可愛的小兔子，仔細看老師是怎麼做的。」

(1) 以杯底作為身體，用鉛筆在紙杯壁上描畫出兔子四肢和嘴巴的輪廓。

(2) 用剪刀沿著所畫線條進行剪裁，剪時要注意力度，不要把四肢剪斷了。邊剪邊說兒歌：「小剪刀，真靈巧，沿著線條跑呀跑，直著跑，彎著跑，慢慢跑，跑呀跑，跑呀跑，一隻兔子出來了。」

(3) 剪完將四肢整理好之後，添加眼睛，然後用彩筆上色，塗色要均勻。

3. 引導小朋友想好自己要做什麼小動物。

老師：「我喜歡的小兔子就這樣做出來了。現在你們就是小小設計師，好好設計一下自己的生肖吧。」

### (三)我的紙杯變變變

1. 操作前，教師講清製作要求：使用剪刀時注意安全，不要傷到自己

## 課堂一：紙手工

和他人；正確使用雙面膠，不要到處貼；每人完成一種生肖，剪裁後的紙屑要放進桌上的小筐裡。

2. 四人一組，每人一份製作材料，分組進行製作活動。
3. 小朋友動手操作，教師巡迴指導。
   (1) 採用直接介入指導、建議性指導、同伴借鑒及練習法的指導方式鼓勵小朋友按照自己的設想大膽、自主地完成作品。
   (2) 密切關注動手能力弱的小朋友，在他們有需要時提供必要的說明。
   (3) 對於能力強的小朋友如果完成得快，有再製作的欲望可以滿足他。提醒小朋友在製作結束後，把多餘的東西整理好。

### (四) 作品展示與評價

小朋友完成後，把作品陳列在玩具櫃上，同伴之間相互介紹自己的作品，說一說小朋友的作品中，最喜歡誰的，為什麼喜歡。教師根據情況，簡單地總結一下製作過程中出現的共通性問題和比較有代表性的作品。

### (五) 活動延伸

1. 將製作好的玩具放置到語言區，讓小朋友自創自編故事、角色表演。
2. 在美工區多放置一些紙杯，供小朋友設計製作更多種類的玩具作品。

# 活動九：美工區立體紙藝遊戲 —— 可愛的指偶動物（中班）

## 一、遊戲目標

1. 透過教師引導、小朋友觀察、圖片展示等，小朋友學習並掌握自製指偶動物的基本方法。
2. 小朋友充分利用材料，用畫、剪、貼的方法製作不一樣的指偶動物，發展小朋友的創造性思維和動手製作能力。
3. 透過自製與表演，體會成功的快樂。

## 二、遊戲準備

手工指偶動物成品幾個，各種動物簡筆劃頭像，手工區牆面張貼指偶動物的製作步驟圖，各色長條卡紙（10cm×2cm）若干，白色卡紙（10cm×10cm）若干，水彩筆，油畫棒，雙面膠，剪刀，紐扣、蝴蝶結等輔助裝飾材料。

## 三、指導要點

### (一)導入活動，激發興趣

1. 教師用手工指偶動物成品在布幕後面表演狼和小羊的片段激發小朋友興趣。
2. 請出指偶動物，請小朋友觀察指偶動物是怎樣製作出來的。

老師：「請小朋友觀察製作指偶動物運用了哪些材料，怎樣製作的呢，你們想製作一個這樣的指偶動物嗎？」

## 課堂一：紙手工

**(二)美工區遊戲：可愛的指偶動物**

1. 教師講解製作要求，小朋友製作指偶動物。

老師：「小朋友們，美工區提供了長條卡紙、正方形白紙等各種材料，小朋友們可以觀察成品的指偶動物然後對照製作，也可以觀察牆面上的製作步驟圖進行製作，看看誰做出的指偶動物最可愛。」

2. 鼓勵小朋友大膽製作可愛的指偶動物，充分利用輔助材料，採用畫、黏貼等形式製作可愛的指偶動物，做出自己的特色。

老師：「美工區牆面上有各種動物的圖片，小朋友們可以參考。還有紐扣、蝴蝶結等各種輔助材料，請大家選擇使用，比如可以用紐扣做動物的眼睛，給動物戴上漂亮的蝴蝶結等，這樣，你製作出的指偶動物和別人的就不一樣了。」

3. 製作方法：首先在正方形白色卡紙上畫出動物的頭部輪廓，充分利用輔助材料，采用畫、黏貼等形式製作出動物的頭部造型，然後用剪刀剪下動物的頭部造型。用另一張長方形卡紙捲成與手指粗細差不多的紙筒。最後把動物的頭部黏貼在紙筒上端，這樣就完成了。

4. 指偶動物大比拼。

老師：「小朋友們，把你製作的指偶動物給大家展示展示，說說你製作的指偶娃娃哪裡最有特色。」

5. 整理圓角。把製作後產生的紙屑等清理乾淨。

**(三)活動延伸**

1. 將製作好的指偶動物放置在表演區或語言區，以便小朋友進行指偶表演遊戲。
2. 將製作好的指偶動物展示在美工區供小朋友遊戲。

## 四、指導建議

1. 提供成品指偶、指偶操作圖、動物圖片等以供不同水準的小朋友進

行觀察製作。能力強的小朋友可以直接引導其觀察成品指偶，自己找到製作方法；能力中等的小朋友可以進一步觀察指偶製作步驟圖學習製作方法；能力稍差的小朋友可以再觀察動物圖片進行對照製作。
2. 鼓勵小朋友充分利用輔助材料儘量做出不一樣的動物指偶。
3. 引導小朋友收拾整理圓角。

課堂二：布手工

# 課堂二：布手工

## 活動一：創意手工（布藝）—— 三隻蝴蝶（小班）

### 一、活動目標

1. 掌握小布偶蝴蝶的基本製作方法和步驟。
2. 培養小朋友的創新意識和動手能力。

### 二、活動重難點

蝴蝶的製作方法。

### 三、活動難點

材料的恰當運用。

### 四、活動準備

1. 針、線、布、裝飾用的珠子和亮片等材料
2. 自製布偶步驟的短影片。

### 五、活動過程

（一）活動導入：運用布偶表演故事《三隻蝴蝶》，激發製作興趣，導入活動主題。

(二) 自主學習，探索製作方法
　　1.　播放製作布偶步驟的短影片，自主探究製作方法。
　　2.　介紹《三隻蝴蝶》中的角色，以及布偶所需材料。
　　3.　親子共同製作《三隻蝴蝶》裡面的角色布偶。教師巡迴指導。
(三) 製作的布偶作品展示表演
(四) 活動延伸：將製作的布偶送到語言活動區。

# 活動二：創意手工（布藝）—— 漂亮的娃娃（中班）

## 一、活動目標

1. 利用各種材質的布製作出具有不同頭髮、帽子、衣服等特徵的娃娃。
2. 發展小朋友的創造性思維和動手製作能力。
3. 培養小朋友自製玩具的興趣，在活動中體驗成功的樂趣。

## 二、活動重點

引導小朋友利用各種材料製作娃娃，感受活動的樂趣。

## 三、活動難點

製作出具有不同頭髮、帽子、衣服等特徵的娃娃。

## 四、活動準備

1. 布置小熊商店，製作好的娃娃五個，半成品一個。

## 課堂二：布手工

2. 雙面膠、剪刀、線、筆、筐子若干。
3. 做頭髮的材料：毛線、皺紙、布等。
4. 做帽子的材料：果凍盒子、蠟光紙。
5. 做衣服的材料：布、塑膠花紙、毛線等。
6. 做眼睛的材料：布、紐扣等。

## 五、活動過程

### (一)創設環境，激發興趣

1. 帶領小朋友參觀「小熊商店」，引導小朋友自由欣賞娃娃，鼓勵小朋友積極參與觀察、討論，發現娃娃的不同之處。

老師：「小熊開了一家娃娃商店，店裡有漂亮的娃娃。看看，這些娃娃有什麼不同？」（讓小朋友自由討論。）

老師：「小動物最喜歡來買小熊商店裡的娃娃，可是娃娃太少了，怎麼辦呢？不如我們就來幫小熊做娃娃吧？」

### (二)提出問題，引導討論

1. 小朋友觀察討論材料，鼓勵小朋友大膽使用各種材料。

老師：「做娃娃的材料真多，有些什麼材料？你想用什麼材料做娃娃的頭髮、帽子、衣服？」

2. 引導示範。

老師：「老師幫小熊做了個娃娃，看看娃娃缺了什麼？」

小朋友：「頭髮。」

老師：「找找看，哪些材料像娃娃的頭髮？」

老師：「你們猜猜看，老師做娃娃的時候，先做什麼，再做什麼？誰來教我做娃娃的頭髮呢？

怎麼做快一點？」

### (三)鼓勵獨創，製作娃娃

啟發小朋友當小設計師，老師：「我們來當小設計師，比比誰設計的娃娃最漂亮，小熊最喜歡。小熊說了，我們每個小朋友做的娃娃要不一樣哦。」

**1. 提出要求。**
（1）要求小朋友利用多種顏色的布料製作出具有不同頭髮、帽子、衣服等的娃娃。
（2）引導動作快的小朋友幫助能力弱的小朋友。
（3）保持桌面、地面的乾淨，學會收拾整理。

**2. 指導要求。**
（1）教師及時發現、鼓勵小朋友在材料使用、造型、顏色匹配等方面的新創意。
（2）幫助指導個別能力弱的小朋友裝飾造型。
（3）啟發小朋友給娃娃取名字。

### (四)展示評價

1. 小朋友向小熊介紹自己的作品。

老師：「小設計師們真能幹，把你設計的娃娃取個名字去告訴小熊，說說你是用哪些材料做的。」

2. 欣賞同伴的作品，學習評價。

老師：「娃娃真多，你們猜猜看，小熊會喜歡哪個娃娃？為什麼會喜歡？」

3. 小朋友和小熊一起做遊戲，在音樂聲中結束活動。

### (五)延伸活動

老師：「小朋友們真棒，製作出了這麼多漂亮的布娃娃，我們把它們送到幼稚園的美工活動室，好不好？」

課堂二：布手工

# 活動三：創意手工（布藝）—— 指偶製作（大班）

## 一、活動目標

1. 掌握手指偶的基本製作方法和步驟。
2. 培養小朋友的創新意識和動手能力。
3. 發展小朋友的語言表達和表演能力。

## 二、活動重點

手指偶的製作方法。

## 三、活動難點

材料的恰當運用。

## 四、活動準備

影片（手指偶範例）、剪刀、線、各種顏色的不織布等示範用品。

## 五、活動過程

### (一)創設情境，激趣導入

老師：「今天，老師帶你們去『指偶劇場』看表演。」（觀看 Youtube 的紙偶劇場影片。）

老師：「剛才小朋友們看演出看得那麼認真，小指偶們可高興了，它們最喜歡看它們表演的小朋友們了，你們看，它們悄悄地跟著我們來到了教室呢。」（出示手指偶。）

指偶一（小娃娃）：「大家好，我是妙妙，大家喜歡我嗎？」

## 活動三：創意手工（布藝）—指偶製作（大班）

指偶二（媽媽）：「大家好，我是妙妙媽媽，我漂亮嗎？」

指偶三（爺爺）：「咳咳……我是爺爺，大家好。」

指偶四（公雞）：「還有我，我是大公雞，喔喔喔—大家歡迎我們嗎？」

老師：「有趣嗎？大家看這些玩偶套在什麼地方呢？」

小結：我們把這些套在手指上的玩偶稱為手指偶。今天我們就來製作手指偶。

### (二) 觀察發現，探索體驗

**1．探索發現**

老師：「誰願意來把這些手指偶拆開看看它們是用什麼材料做出來的？」

老師：「這個手指偶是什麼形狀的不織布做出來的？」「長方形」。

小結：這個手指偶是由一張長方形的不織布摺疊後，再剪一些裝飾物，再打扮成人物的形象。

**2．自主體驗**

觀看製作手指偶的影片，按影片上的步驟圖嘗試製作手指偶。

### (三) 表演展示，評價反思

老師：「我們的手指偶都製作完了，現在把你們的小人偶給大家展示一下吧。」

教師啟發小朋友一起玩耍，講講關於手指偶的故事。

### (四) 活動延伸

運用類似的方法，製作出不同類型的布偶。如圖 3-2-1 至圖 3-2-19

## 課堂二：布手工

圖3-2-1　　　　　　　　　　圖3-2-2　　　　　　　　　　圖3-2-3

圖3-2-4　　　　　　　　　　圖3-2-5　　　　　　　　　　圖3-2-6

圖3-2-7　　　　　　　　　　圖3-2-8　　　　　　　　　　圖3-2-9

活動三：創意手工（布藝）—指偶製作（大班） ○

圖3-2-10　　　　　　圖3-2-11　　　　　　圖3-2-12

圖3-2-13　　　　　　圖3-2-14　　　　　　圖3-2-15

圖3-2-16　　　　　　圖3-2-17　　　　　　圖3-2-18

圖3-2-19

187

# 課堂三：泥手工

泥塑區域活動：是以泥塑教育目標和小朋友發展水準為指導，有目的、有計劃地放置各種泥塑材料，創設活動環境，讓小朋友按照自己的意願和能力進行個體塑形創作的一種活動。

幼稚園美工區泥塑材料的放置應與主題內容相結合，要考慮滲透主題思想，要依據小朋友年齡特點和教育目標，有策略地放置，不斷拓寬材料的內容與種類，使泥塑教育對小朋友身心發展產生一種整體效應，讓泥塑區域活動成為小朋友獲得快樂和自信、體驗成功的創作平臺。

## 活動一：泥工活動 —— 搓麵條（小班）

### 一、活動目標

1. 初步學習揉搓的技巧，發展手部動作，激發小朋友對泥工活動的興趣。
2. 學習在泥工板上操作，初步養成良好的操作習慣。

### 二、活動重難點

1. 學習揉搓的技巧：單手搓、雙手搓、桌面搓、手心搓、輕輕搓、重重搓。
2. 在泥工板上操作。

活動一：泥工活動—搓麵條（小班）

## 三、重點要求

重點要求：用力要均勻，搓細搓長，麵條不能斷。

## 四、活動準備

1. 做麵條的廚師圖片。
2. 每人一套操作材料：自製麵團（白色、綠色、紅色、黃色）若干、小刀、盤子。

## 五、活動過程

**1. 出示做麵條的廚師圖片，引導小朋友觀察，激發小朋友的操作興趣。**

(1) 提問：「這是誰呀？他在幹什麼？麵條的形狀是什麼樣的？」

「猜猜麵條是怎麼做成的呢？」

(2) 老師：「你們想來學習做麵條嗎？」

**2. 小朋友自主嘗試搓麵條的方法。**

(1) 介紹活動材料，提出活動要求：每個小朋友的籃子裡都有白色的麵團、小刀子、泥工板、盤子，請小朋友自己動手做一做，看誰能做出又細又長的麵條。

(2) 小朋友自主操作，老師巡迴觀察指導，發現並幫助小朋友提煉不同的搓泥技巧與方法。

**3. 示範操作，學習不同的搓泥技巧。**

(1) 可邀請使用不同搓泥技巧的孩子進行示範，教師輔以簡單的語言解說，說明小朋友學習掌握搓泥技巧。

(2) 教師可示範與小朋友所用不同的搓泥技巧，幫助小朋友學習並積極探索不同的方法。

(3) 用兒歌方式小結搓泥方法與技巧。

## 課堂三：泥手工

附兒歌：小麵團，手裡拿，兩隻小手搓呀搓；上下搓，前後搓；單手搓，雙手搓；手心搓，板上搓；輕輕搓，使勁搓；搓呀搓，搓呀搓，搓成麵條笑哈哈。

**4. 小朋友再次嘗試製作麵條。**

（1） 介紹新的活動材料，提出活動要求：老師在每個小朋友的籃子裡放進了紅蘿蔔麵團、蔬菜麵團、蛋黃麵團、白麵麵團等，看誰能做出好看的麵條。

（2） 放輕音樂，小朋友自主操作，老師巡迴指導，鼓勵小朋友使用不同的搓泥技巧。

**5. 送麵條。**

將自製的麵條裝盤送到娃娃家，鼓勵小朋友說出自己做的麵條是什麼味道。（如圖 3-3-1）

圖 3-3-1

# 活動二：泥工活動 —— 小雞小鴨（中班）

## 一、活動目標

1. 初步學習用團圓、連接的方法塑造小雞、小鴨形象，嘗試捏出小雞、小鴨的嘴巴。
2. 有泥塑小雞、小鴨的興趣，願意進行泥工活動。

## 二、活動重難點

1. 初步學習用團圓、連接的方法塑造小雞、小鴨形象。
2. 嘗試捏出小雞、小鴨的嘴巴。

## 三、活動準備

1. 泥工板，橡皮泥，加上輔助材料—紅豆、綠豆、火柴棍。
2. 小雞、小鴨泥塑作品。

## 四、活動過程

**1. 觀察小雞、小鴨泥塑作品，激發興趣。**

（1）出示小雞、小鴨泥塑作品，引導小朋友觀察並說出小雞、小鴨的主要特徵。

提問：「這是什麼動物？小雞的嘴巴是什麼樣的，小鴨子的呢？」

（2）揭示主題：今天我們就用橡皮泥來做小雞、小鴨。

**2. 小朋友自主操作，探索小雞、小鴨的泥塑方法。**

（1） 討論：小雞、小鴨是怎樣做出來的呢？

（2） 介紹活動材料，提出活動要求：今天為孩子們準備了泥工板、橡皮泥、紅豆和綠豆，看看哪個小朋友做出的小雞、小鴨最仿真。

# 課堂三：泥手工

(3) 小朋友自主操作，老師巡迴指導。鼓勵小朋友大膽塑造，嘗試用團圓、連接的方法塑造立體小雞、小鴨的頭和身體，用捏的方式塑造小雞、小鴨的嘴巴。

**3. 第一次展示交流，梳理並提煉小雞、小鴨的泥塑方法。**

(1) 請個別小朋友展示並交流泥塑作品。教師及時提煉、總結方法。

(2) 小結：將大塊橡皮泥在手掌中團圓，搓出圓圓的身體；將小塊橡皮泥團圓為圓圓的頭；在頭上捏出尖尖的嘴巴就是小雞，捏出扁扁的嘴巴就是小鴨；用紅豆或綠豆嵌在頭的兩邊作為眼睛；將頭輕輕地連接到身體上，小雞或小鴨就做成了。

**4. 小朋友再次自主操作，教師巡迴指導。**

鼓勵小朋友用正確的方法泥塑小雞和小鴨，引導小朋友大膽使用輔助材料—紅豆、綠豆、火柴棍，並給予必要的指導和幫助。

**5. 再次展示交流。**

(1) 展示小朋友作品，鼓勵小朋友相互欣賞並交流。（圖 3-3-2 ～圖 3-3-5）

圖3-3-2 　　圖3-3-3 　　圖3-3-4 　　圖3-3-5

(2) 教師小結。

# 活動三：泥工活動 —— 特別的我（大班）

## 一、活動目標

1. 引導小朋友用誇張的藝術形式塑造自己的頭部，促進小朋友自我意識的發展。
2. 能創造性地表現頭部特徵，體驗自由創作的快樂。

## 二、活動重難點

能用誇張的藝術形式塑造自己的頭部。

## 三、活動準備

1. 一套陶泥和泥工板，各種輔助物如豆類、鉛絲、火柴、羽毛、毛線等，背景音樂。
2. 網上下載的臉譜圖以及一些大師的泥塑作品。
3. 小朋友每人一面小鏡子。

## 四、活動過程

### (一) 玩「照鏡子」遊戲，激發創造樂趣

1. 找一找自己頭部特別的地方。

老師：「你覺得自己什麼地方最特別？」

2. 小結：每個小朋友都很特別，這些特別的地方都很有趣。

### (二) 欣賞頭部造型作品，拓寬小朋友思路，引導小朋友富有個性地想像

1. 出示頭部造型作品，引導小朋友觀察。

老師：「老師這裡有幾張特別的臉，有的還用了一些特別的材料，我們一起來看一看。」「你覺得哪幅作品最特別？什麼地方最特別？它是用什麼材料

## 課堂三：泥手工

來裝飾的？」

小結：這些作品有的很有趣，有的給人感覺很奇怪，但這些作品都很特別。

2. 思考這些臉是怎麼做出來的，鼓勵小朋友討論塑造方法。

**(三)小朋友自主創作「特別的我」，嘗試用誇張的方式塑造頭部的主要特徵**

1. 討論、交流自己要製作的頭部。

老師：「小朋友，你們想不想也變得特別呢？那你想變得怎樣特別呢？」

小朋友互相交流發表想法。

教師根據小朋友的回答適時追問：「你為什麼要這樣變？」「你想用什麼材料來裝扮自己？」

2. 播放背景音樂，小朋友自主操作，教師鼓勵小朋友選用自己喜歡的輔助材料進行創作。

**(四)交流展示小朋友作品（圖3-3-6、圖3-3-7）**

圖3-3-6　　　　　　圖3-3-7

1. 同伴間互相評價覺得誰最特別，為什麼。
2. 請小朋友和同伴互相說一說在塑造時，將頭部什麼地方變得最特別，為什麼這樣變。
3. 教師小結。
4. 將作品展示到美工區。

# 活動四：泥塑活動 —— 好吃的點心（小班）

## 一、遊戲準備

### (一)材料準備

1. 基本材料：彩色泥（或橡皮泥、麵團）、泥工板。
2. 輔助材料：火柴棍、綠豆、扭扭棒、剪刀、泥工工具、冰糕棒、盤子。

### (二)環境準備玩具櫃面上，用盤子盛放的各種麵點，有壓印餅乾、花卷、包子、麵條、麻花等。

小班小朋友在泥塑技巧上還處於原始性體驗、感知泥土階段，為了激發小班小朋友對泥塑的興趣，幫助他們獲得基礎的泥塑技巧，在美工區提供充足的泥塑活動材料，展示孩子喜聞樂見的麵食和棒棒糖泥塑作品，既符合小朋友日常生活經驗，又激發小朋友在模仿學習中進一步體驗與感知，拓展小朋友對泥塑作品的理解和表現力，並在感知與體驗中學習團、搓、卷、壓等泥塑技巧。

## 三、指導建議

1. 小班小朋友在泥塑時沒有明確的目的，只是玩泥，任意地拍打擺弄、壓印、團圓、搓條等，區域活動中，老師可以以遊戲同伴的身分參與，尊重小朋友意願，在小朋友泥塑過程中，和小朋友交流、討論泥塑的內容，並以自創自編兒歌的形式，讓小朋友能更輕鬆、有效地理解掌握泥塑的技巧，創作自己喜歡的麵點和糖果。
2. 此活動材料可同時放置在娃娃家和美工區，以更好地滿足小班小朋友的興趣需要。（圖 3-3-8～圖 3-3-11）

課堂三：泥手工

| 圖3-3-8 | 圖3-3-9 | 圖3-3-10 | 圖3-3-11 |

# 活動五：泥塑活動 —— 可愛的動物（中班）

## 一、活動準備

1. 各種泥塑動物或圖片。
2. 彩色泥，各種幾何圖形模具，膠泥板。
3. 各色絲帶、彩珠、彩色吸管、剪刀、紙盤、紙碗、卷紙芯、泥工工具等。

## 二、活動要點

　　動物是孩子們最感興趣的東西，而中班小朋友在經歷小雞、毛毛蟲等泥塑活動後，已經初步具有立體造型的意識，也開始使用輔助材料將泥塑作品進行連接。為了更好地發展中班幼兒的認知能力，促進其對事物的多種特徵的了解與表現，在美工區發展「可愛的動物」泥塑活動，引導小朋友在感受動物的不同造型和色彩的同時，嘗試用多種泥塑方式大膽表現，自由想像，在設計、塑造不同動物形象的同時，發展小朋友的泥塑技巧，提高小朋友泥塑的感受力和表現力。

## 三、指導建議

1. 提供各種動物圖片，引導小朋友有目的地觀察、分析動物特徵（造型美和色彩美）。
2. 鼓勵小朋友大膽選擇材料，嘗試使用推、團、搓、壓等技巧設計、塑造動物，並引導幼兒使用輔助材料，使塑造的動物形象更生動。當小朋友塑造作品發生困難時，教師可以以玩伴的身分和小朋友共同討論塑造方法。當小朋友因經驗與能力的局限無法塑造成功時，可以協助並鼓勵小朋友堅持完成泥塑作品。
3. 及時在美工區展示小朋友製作的動物泥塑作品，並在回顧時引導小朋友進行小組分享討論，激發小朋友的泥塑興趣。
4. 將動物泥塑材料和部分作品放置到建構區，拓展小朋友遊戲。（圖 3-3-12 至圖 3-3-15）

圖 3-3-12 　　　圖 3-3-13 　　　圖 3-3-14 　　　圖 3-3-15

# 活動六：泥塑活動 —— 我的全家福（大班）

## 一、活動準備

1. 各色橡皮泥，膠泥板。
2. 立體的全家福泥塑作品；半雕刻的全家福泥塑作品。
3. 各種鈕扣、牙籤、色紙、油畫棒、剪刀、托盤、扭扭棒、瓶蓋、扣

## 課堂三：泥手工

子、黃豆、綠豆、紅豆、大白豆、冰糕棒、棍棒等。

### 二、活動要點

經過小班、中班的泥塑活動，小朋友的泥塑技巧已經比較熟悉，能夠較熟練地運用多種泥塑技巧進行泥塑創造，但在創造性使用泥塑工具和材料，利用挖、綴、連接、雕刻等方法立體地表現物體的主要特徵方面，還需要進一步培養和拓展。因此，在美工區發展「我的全家福」泥塑活動，既是「特別的我」泥塑活動的拓展，又是大班小朋友對自己家庭成員認知的再現，能更好地促進小朋友大膽使用各種泥塑技巧和泥塑工具，並利用不同輔助材料展現其泥塑表現力和創造力。

### 三、指導建議

1. 教師可採用觀察討論法，讓小朋友感知、觀察立體和半雕刻作品特徵，討論泥塑的使用方法和可能用到的泥塑工具。
2. 鼓勵小朋友按自己的理解方式進行大膽的表現。教師在泥塑區域活動的介入都要以保證不破壞小朋友遊戲的自主性和創造性為前提，要做到給予小朋友最少的干預、最大的耐心、最有效的建議，促進小朋友自主學習能力的發展。
3. 及時肯定並展示小朋友作品。
4. 可結合小組活動時間，與小朋友分享在泥塑過程中的新想法和使用到的新的泥塑方法，豐富小朋友經驗。（圖 3-3-16、圖 3-3-17）

活動六：泥塑活動—我的全家福（大班）

圖3-3-16　　　　　　　　　　圖3-3-17

# 課堂四：綜合材料手工

## 活動一：創意手工（線材）──下雨啦（小班）

### 一、活動目標

1. 欣賞雨水，嘗試用毛線黏貼下雨的情景。
2. 在觀察、操作、交流的過程中獲得黏貼的基本方法。

### 二、活動準備

1. 經驗準備：觀察下雨時雨點的長短、方向。
2. 物品準備：繪有草地和天空的背景圖，各色毛線若干個，下雨時的PPT。

### 三、活動重點

觀察雨點的方向、長短。

### 四、活動難點

在操作中學會黏貼的基本方法。

## 五、活動過程

**1. 觀看 PPT，欣賞雨中的景色。**

老師：「瞧，下雨了，雨點從天空中落下來！大雨是什麼形態的？」

小朋友：「粗粗的、長長的、密密的⋯⋯」

老師：「小雨是怎樣的？」

小朋友：「細細的、短短的⋯⋯」

**2. 探索用毛線黏貼雨點的方法。**

(1) 認識工具和材料。

老師：「我們也來玩下雨的遊戲吧。這裡有長長的毛線，還有膠水和剪刀。想一想，用什麼材料來做雨呢？」

老師：「怎樣讓雨淅瀝瀝地落下來呢？誰來說一說？」

小結：把毛線剪成一段一段的，蘸上膠水，讓「雨」從天上落下來。

(2) 觀看影片，學習剪斷、黏貼的方法。

老師：「小朋友們想出一個好辦法，老師也有一個好辦法，一起來看看。」

老師：「如果我們的雨太長了，該怎麼辦呢？」

小朋友：「剪短一點。」

老師：「我們的雨點是直直地落下，還是斜斜地落下呢？直直的、斜斜的都可以，但要順著一個方向，不能有的向左傾斜，有的向右傾斜。」

老師：「剛黏上去，小雨點會移動，怎麼辦呢？看好啦，伸出兩個手指按住雨點的邊緣，輕輕提，慢慢移，小雨點不會移動。呀！小雨點黏好了。」

**3. 運用毛線、膠水等工具材料在背景圖上創作《下雨啦》作品。**

**（1）提出要求。**

老師：「你們都已經等不及了吧？瞧，小筐裡有毛線、剪刀、膠棒，請你拿出來在背景圖上創作下雨的場景，完成後要把材料和工具放回小筐裡。」

## 課堂四：綜合材料手工

**（2）小朋友創作，教師巡迴指導。**

表揚使用剪刀、黏貼仔細的孩子，幫助不會剪或不會黏的孩子。

**4. 作品展示。**

老師：「哇！大雨小雨落在了草地上，小草說：『下吧下吧，我要發芽！』大雨小雨落在花園裡，花兒說：『下吧下吧，我要開花！』」

活動建議：線材的黏貼可運用到中、大班，運用到畫面更豐富、黏貼更仔細的大幅作品中。

# 活動二：創意手工（線材）——奧運小人（大班）

## 一、活動目標

1. 小朋友體驗用毛線造型的樂趣。
2. 了解奧運中各種運動項目的圖示。
3. 嘗試用扭轉、繞、組合的方式創作出一個運動造型。

## 二、活動準備

毛線若干個，運動項目圖示 PPT，圖示小卡片。

## 三、活動重點

觀察奧運中各種運動項目的圖示。

## 四、活動難點

用扭轉、繞、組合的方式創作出一個運動造型。

活動二：創意手工（線材）—奧運小人（大班）

## 五、活動過程

### (一)導入活動

欣賞奧運宣傳影片，激發興趣。

老師：「我們來看一段影片，你知道這是在說什麼事嗎？奧運比賽、奧運……」

### (二)觀看奧運圖示，感受運動時不同的運動造型

1. 出示不同的奧運圖示，初步了解不同的運動項目。

老師：「看，圖示都有哪些運動項目？你可以學一學嗎？」

（引導小朋友透過觀察圖示的動作感受運動項目的身體姿態，圖3-4-1。）

圖 3-4-1

2. **集體欣賞「體操」圖示。**

老師：「這是什麼運動？你是怎麼知道的？」

小結：運動小人是奧運運動項目的標誌，代表著不同的運動項目。

3. **再次觀察圖示，小朋友自由交流最喜歡的運動項目。**

老師：「和你旁邊的小朋友討論一下，你最喜歡哪個項目？」

## 課堂四：綜合材料手工

### (三) 學習使用毛線製作運動小人

**1. 教師示範，和小朋友共同討論製作方法。**

老師：「今天我們來學習使用毛線製作自己喜歡的運動小人吧！」

老師：「怎樣用扭轉、繞、組合等方法來表現運動姿態呢？」

教師一邊示範，一邊啟發小朋友積極參與。

小結：彎曲毛線扭轉出頭部，再做出身體，可以用扭轉線或組合的方式表現運動小人的手臂、腿與身體姿態，也可以用毛線做出運動器械。

**2. 介紹材料，小朋友操作，教師指導。**

老師：「你們的桌上也有毛線，我們一起來製作一個奧運的小人國吧！」

小朋友自主製作，操作時教師可將運動圖示展示在螢幕上，也可以將列印的圖片放在桌上，方便小朋友參考。

### (四) 欣賞作品

把小朋友製作的運動小人放在展示臺上。

老師：「哪個是你製作的運動小人？你可以和他做一樣的動作嗎？運動小人好玩嗎？為什麼？」

「我們除了用毛根製作運動小人，還可以用什麼來做運動小人呢？」

# 活動三：創意手工（環保材料）——鳥巢（大班）

## 一、活動目標

1. 喜歡參與戶外美術活動，體驗自然教育的愉悅。
2. 嘗試用稻草、樹枝等材料設計鳥窩。

## 活動三：創意手工（環保材料）—鳥巢（大班）

3. 能用打結、繞圈、編織、圍合等方式製作鳥窩。

## 二、活動準備

稻草、羽毛、毛線、樹枝；鳥窩範例；小鳥築巢的影片，鳥窩圖片。

## 三、活動過程

### (一) 繪本《鳥窩裡的樹》，導入活動

老師：「故事中小鳥的家在哪裡？你見過嗎？在哪裡看見過？」

### (二) 欣賞影片和圖片，了解鳥窩的構造

1. 欣賞小鳥築巢的影片，了解小鳥築巢的過程。

老師：「小鳥是怎樣把稻草做成鳥窩的？」

2. 欣賞鳥窩的圖片，感知鳥窩的溫馨氛圍。

(1) 了解鳥窩的外形結構。

老師：「鳥窩是什麼樣子的？使用哪些材料做成的？為什麼要用這些材料？」

(2) 討論：感受鳥窩溫馨的氛圍。

老師：「鳥媽媽在幹什麼？它是怎樣餵小鳥的呢？」

小結：鳥窩就是小鳥的家，小鳥每天都生活在這裡，有時會有大風，有時會下大雨，所以鳥窩需要非常結實，經得起風吹和雨打。每一隻小鳥長大後都會製造出自己的家，我們一起找一找幼稚園的鳥窩吧！

### (三) 師生探討，製作鳥窩

1. 出示一個鳥窩實物。

老師：「這是一個鳥窩，大家看看，它牢固嗎？它是怎麼做的呢？」

2. 出示步驟圖，老師小朋友一起探討製作步驟。

3. 出示材料，引導小朋友以小組合作的方式製作鳥窩。

老師：「我們幼稚園的百草園是小鳥的家園，許多小鳥都飛來了，他們

## 課堂四：綜合材料手工

需要更多的鳥窩睡覺、休息，我們一起動手，為小鳥製作既堅固又舒服的鳥窩吧！」

### (四)懸掛鳥窩

老師：「我們一起把鳥窩掛到樹枝上，等待小鳥進入它們的新家吧！」

# 活動四：創意手工（環保材料）——冰棒棍相框（中班）

## 一、活動目標

1. 學習運用黏貼、重合的方式製作冰棒棍相框。
2. 喜歡參與製作相框，從中獲得成功的喜悅。

## 二、活動準備

冰棒棍相框一個，各色冰棒棍若干個，木夾子若干個，乳白膠及小刷子，每個小朋友的照片一張。

## 三、活動重點

兩條橫邊、兩條豎邊分別在同一平面。

## 四、活動重點

兩條橫邊的做法。

活動四：創意手工（環保材料）—冰棒棍相框（中班）

## 五、活動過程

### （一）談話：冰棒棍的用途

1. 老師出示冰棒棍：「小朋友們看，這是什麼？」

小朋友：「冰棒棍。」

老師：「冰棒棍可以用來做什麼呢？」

小朋友：「可以在上面畫畫；可以用來做扇子；可以用來拼房子；可以用來數數⋯⋯」老師：「小朋友們想到了很多冰棒棍的用途，下面看老師用它來做了什麼。」

2. 老師出示冰棒棍相框。

小朋友：「做相框。」

### （二）引導小朋友觀察並製作相框

1. 引導小朋友觀察，相框有幾條邊，每條邊用了幾根冰棒棍，一共用了幾根冰棒棍。

小結：相框有四條邊，兩條豎邊分別用了一根冰棒棍，兩條橫邊分別用了兩根冰棒棍，一共用了六根。

2. 老師示範製作。（圖3-4-1至圖3-4-4）

第一步，將兩根冰棒棍豎著擺在桌上，在冰棒棍的兩頭刷上乳白膠，輕輕地將另外兩根冰棒棍橫著放在上面，兩邊要留一點頭。

第二步，在兩條橫邊的兩頭刷上乳白膠，再分別放上一根冰棒棍，讓它們重合在一起。

第三步，用木夾子夾住底部作為底座，一個簡易的相框就製作完成了，放入自己的照片。

課堂四：綜合材料手工

| 圖3-4-1 | 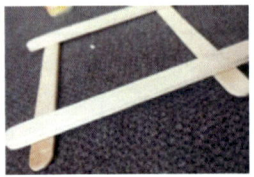 圖3-4-2 |  圖3-4-3 |  圖3-4-4 |

3. 小朋友選擇自己喜歡的冰棒棍製作相框，老師提如下要求。

    （1）做的時候要先放兩條豎邊，再黏兩條橫邊。

    （2）每條橫邊有兩根冰棒棍，重合的時候中間部分不能刷膠，否則會完全黏在一起，照片就不能插進去了。

    （3）刷乳白膠的時候要先將小刷子上多餘的膠刮掉，不要刷得太多，不要弄髒地面和衣服。

4. 完成相框製作後將自己的照片放入相框。

（三）活動延伸我們把自己做好的相框放進娃娃家吧，這樣，娃娃家再也不孤單了。

# 活動五：創意手工（線材）── 吸管花（大班）

## 一、活動目標

1. 感知扭扭棒可隨意造型的特點。
2. 運用扭扭棒進行創意造型，大膽想像不同形狀的花瓣並做成吸管花。
3. 喜歡製作吸管花，並從中獲得成功的喜悅。

活動五：創意手工（線材）—吸管花（大班）

## 二、活動準備

五顏六色的吸管，扭扭棒，剪刀，小花瓶，老師製作吸管花的影片。

## 三、活動重難點

用扭扭棒做出不同形狀的花瓣。

## 四、活動過程

**（一）認識扭扭棒，體驗扭扭棒可隨意造型的特點**

1. 老師出示扭扭棒，並用兒歌引導小朋友感知扭扭棒可隨意造型的特點。

老師邊操作邊唱兒歌：「大家好，我是扭扭棒，我的本領可大了，看我七十二變。變個太陽天上掛，變條蚯蚓鑽泥巴，變成蝴蝶空中飛，變朵小花瓶裡插。」

2. 小朋友操作，體驗扭扭棒造型的樂趣。

**（二）製作吸管花，大膽想像並製作不同形狀的花瓣**

1. 請小朋友閉上眼睛，猜猜這一次扭扭棒會變成什麼。老師出示吸管花，引導小朋友觀察並猜測扭扭棒是怎麼變成吸管花的。
2. 小朋友觀看影片，了解吸管花的製作過程。

小結：將五顏六色的吸管剪成 1cm 左右的小段，剪幾根 10cm 左右長的扭扭棒，將吸管小段穿起來，將扭扭棒的兩端扭轉在一起組合成花瓣，把幾個花瓣扭轉在一起組合成花朵。取一根長扭扭棒扭轉到花朵上，作為花莖，吸管花就做好了。

課堂四：綜合材料手工

圖3-4-5 　　　　　圖3-4-6 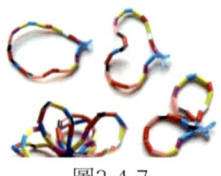　　　　　圖3-4-7 　　　　　圖3-4-8

3. 小朋友製作吸管花，老師提要求。
    (1) 選擇自己喜歡的顏色的吸管製作吸管花，每朵花兒的花瓣可以是4瓣、5瓣、6瓣或者更多。
    (2) 花瓣的形狀可以是圓的、尖的、長的，也可以是捲曲的。
    (3) 使用剪刀的時候刀尖不要對著其他小朋友，注意安全。

**(三) 作品展示**

1. 將吸管花插到小花瓶裡。
2. 小朋友介紹自己製作的吸管花的形狀及特點，並將吸管花放到美工區展示。

# 活動六：創意手工（石材）── 石頭仙人掌盆栽（大班）

## 一、活動目標

1. 了解仙人掌有關節的特點，用大小不一的石頭黏貼拼接成仙人掌的形狀。
2. 嘗試在石頭上繪畫出仙人掌深淺不一的綠紋。
3. 體驗在石頭上作畫的樂趣。

活動六：創意手工（石材）—石頭仙人掌盆栽（大班）

## 二、活動準備

鵝卵石、顏料、畫筆、小雨花石、膠水、花盆。

## 三、活動重難點

重點：用大小不一的石頭黏貼拼接成仙人掌的形狀。難點：在石頭上塗畫出仙人掌深淺不一的綠紋。

## 四、活動過程

**(一)觀察仙人掌，感知仙人掌的形狀特點**

老師拿出仙人掌，小朋友觀察後引導小朋友說出仙人掌的特點。

小結：仙人掌的莖上長了許多小刺。有的莖像長長的柱子，有的莖像圓圓的餅乾；有的莖孤孤單單立在土裡，有的莖有許多朋友，一節一節連著往上長，就像好朋友手把手一樣。

**(二)小朋友黏貼拼接石頭，做成仙人掌的形狀我們把石頭變成一節一節連著往上長的仙人掌吧。**

為了使仙人掌的形狀固定，黏貼拼接後幾分鐘不要移動哦。

**(三)小朋友給仙人掌穿上漂亮的衣服**

1. 小朋友觀察仙人掌上面的綠紋，將發現告訴大家。
2. 仙人掌上面的綠紋顏色是不一樣的，有的顏色深，有的顏色淺。我們怎麼才能畫出這樣的綠紋呢？（小朋友討論）小結：要畫出仙人掌的綠紋，我們要先塗淺色，等顏料乾一會兒後再塗深色，這樣才能顯出深淺不一來。
3. 小朋友給仙人掌塗顏色，老師提要求。
   (1) 塗畫出仙人掌深淺不一的綠紋，記住要先塗淺色，乾一陣子再塗深色。

課堂四：綜合材料手工

(2) 最頂端的小石頭可以變身成小花或者是小瓢蟲、小蝴蝶。

4. 將畫好的仙人掌放入小花盆裡，並放上小雨花石。

**( 四 )欣賞作品把小朋友製作的仙人掌放到展示臺上。**

老師：「你以前用石頭畫過畫嗎？石頭除了可以畫仙人掌還可以畫什麼呢？」

老師：「你在畫仙人掌的綠紋的時候遇到困難了嗎？為什麼？你是怎麼解決的？」( 圖 3-4-9 至圖 3-4-11)

圖3-4-9　　　　　　　　圖3-4-10　　　　　　　　圖3-4-11

# 課堂五：小朋友表演遊戲

## 活動一：表演遊戲設計——小蝌蚪找媽媽（小班）

### 一、遊戲準備

#### (一)場景

將活動場地布置成小池塘的活動場景。

圖 3-5-1

#### (二)頭飾

用廢舊卡紙和各色雙面膠拼貼製作而成，然後護貝，縫上鬆緊帶。頭飾形象逼真，製作簡便，方便取戴，有助於小朋友分辨角色。

## 課堂五：小朋友表演遊戲

圖3-5-2　　　　　　　　　　　　　圖3-5-3

### (三)服裝

服裝顏色豔麗，形象可愛，方便小朋友區分角色，穿脫方便。

圖 3-5-4

### (四)道具

　　道具佈景以荷塘呈現，設計巧妙。在荷葉的製作上，選用了經久耐用的泡沫膠墊來打底，加以鐳射雙面膠製作，重複利用率高，不易損壞。荷花主要用 KT 板打底，用粉色泡沫紙剪成荷花的形狀。荷花的形態各異，形象逼真。

活動一：表演遊戲設計—小蝌蚪找媽媽（小班）

圖3-5-5　　　　　　　　　　圖3-5-6

## 二、遊戲要點

### （一）遊戲目的

1. 透過遊戲，說明小朋友更好地理解故事內容和角色特徵。
2. 讓小朋友學會按意願選擇並扮演角色，培養小朋友對表演遊戲的興趣。
3. 喜歡參與角色扮演，並透過扮演小蝌蚪，感受小蝌蚪對媽媽的愛。

### （二）內容介紹

《小蝌蚪找媽媽》講述了一群可愛的小蝌蚪看到鴨媽媽帶著鴨寶寶一起遊玩，也萌發了要去尋找自己媽媽的想法。於是，一場有趣而感人的尋親之旅開始了。在鬧出了一連串笑話，把大眼睛的金魚、四條腿的烏龜、白肚皮的鵝認成自己的媽媽後，小蝌蚪們終於找到了自己的媽媽—青蛙媽媽。

### （三）人物角色

1. 整個遊戲以小蝌蚪為主角展開，表演對白較多，因此在選擇扮演時可邀請多位小朋友參與，既能豐富角色，又能起到相互學習、促進的作用。
2. 其他角色在扮演上，應注意情緒、肢體動作的發揮，對白重點抓住「大眼睛、白肚皮、四條腿……」類似的關鍵字即可，便於小班小朋

## 課堂五：小朋友表演遊戲

友掌握。

**(四) 遊戲解讀**

1. 根據小班小朋友特點，在角色扮演上，可採用同一角色多人扮演的方式進行，小朋友之間可以相互學習，也有利於表演遊戲的發展。
2. 關鍵性對白「xx，xx，你們見過我們的媽媽嗎？」以及「媽媽，媽媽」是兩組重複的語句，有利於小朋友掌握。小蝌蚪在扮演時要抓住角色著急、迫切的情緒。

## 三、指導建議

1. 小班小朋友在進行活動前可分段賞析故事，並進行簡單的角色模仿。
2. 遊戲發展時，鼓勵小朋友自願選擇角色。
3. 初次進行遊戲時，老師可參與其中，隨機引導。
4. 選擇適合的背景音樂，渲染氣氛，增強遊戲的表演性。
5. 表演成果。

圖3-5-7　　　　　　　圖3-5-8　　　　　　　圖3-5-9

# 活動二：表演遊戲設計 ——
# 三隻小豬暢想曲（中班）

## 一、遊戲準備

### (一)場景

根據小朋友表演人數選擇場景，若是全班小朋友一起參加，可一個角色多人扮演，需選擇較寬的場地，若是分組表演，場地可劃分區域，但必須在教師視線範圍內。

圖 3-5-10

### (二)頭飾、服裝

稻草房子服裝（圖 3-5-11、圖 3-5-12）、木房子服裝（圖 3-5-13）、磚房子服裝（圖 3-5-14）、狼服裝（圖 3-5-15）、大樹服裝（圖 3-5-16）、蝴蝶服裝（圖 3-5-17）、三隻小豬服裝（圖 3-5-18）。

## 課堂五：小朋友表演遊戲

圖3-5-11　　　　圖3-5-12　　　　　　　圖3-5-13

圖3-5-14　　　　　　　圖3-5-15

圖3-5-16　　　　圖3-5-17　　　圖3-5-18

改變故事原型，稻草房子、木房子、磚房子不再是單一的道具擺設或布置，而是小朋友自己扮演這些角色，在表演過程中可調動小朋友積極性。其頭飾和服裝以自製為主、購買為輔，小朋友、家長、教師利用廢舊材料共同完成。

### （三）道具

稻草房頂（圖 3-5-19）、木頭房頂（圖 3-5-20）、磚房頂（圖 3-5-21）、刀叉（圖 3-5-22）、全景（圖 3-5-23）。

三種房頂是傘和金色彩條、邊角卡紙製作而成的，顏色鮮豔、形象，有

活動二：表演遊戲設計—三隻小豬暢想曲（中班）

立體感，當「狼」吹、推稻草房子、木頭房子的時候，能更好地展現「倒」的情境。刀叉是狼崽子進餐的道具，既聯繫了生活實際，又增加了遊戲的趣味性。

圖3-5-19 　　　　　圖3-5-20 　　　　　　　　　圖3-5-21

圖3-5-22 　　　　　　　　　圖3-5-23

## 二、遊戲要點

### （一）遊戲目標

用動作、語言表現角色的性格特徵；嘗試自己動手製作表演道具、服裝，並裝扮角色；

體驗表演遊戲帶來的成功和愉悅感。

### （二）簡介

三隻小豬要蓋房子了，懶惰的豬大哥蓋了一座稻草房子，貪玩的豬二哥蓋了一座木頭房子，勤勞的豬小弟不怕辛勞，蓋了一座結實的磚房子。大野狼帶著它的狼崽子來了，把豬大哥、豬二哥的房子推倒了，可是豬小弟的房

219

## 課堂五：小朋友表演遊戲

子最牢固，狡猾的大野狼想盡了辦法，最終都沒得逞，氣得嗷嗷直叫，放棄了吃掉小豬的想法，三隻小豬用它們的智慧和勇氣打敗了大野狼。

### （三）人物角色

《三隻小豬》裡每個場景、每個角色，包括樹、房子都是有生命的，在小朋友眼中它們有表情、有對話、有動作。因此，抓住小朋友的心理和年齡特徵，把每個角色都擬人化、動態化、直觀化。

### （四）遊戲解讀

整個表演遊戲從錄音、服裝製作，到角色表演，都是小朋友在參與，從角色的分配、語言的對話到動作的表現，都是小朋友合作商議完成的。遊戲中，本來故事原型只有大野狼一個角色，小朋友覺得大野狼太孤單，於是增加了幾個狼崽子角色，以備大野狼被打敗時還有狼崽子的安慰。在多次的遊戲後，小朋友都願意給大野狼改過自新的機會，所以把點火煮水燙死大野狼的悲慘結局改為讓大野狼徹底放棄的結局。這些不僅體現了小朋友富有愛心的品質，用聰明智慧打敗敵人，還體現小朋友創新表演遊戲的能力，及同伴合作表演的能力。

## 三、指導建議

1. 教師透過影片或者圖片的方式說明小朋友理解故事情節、人物對話、動作表現。
2. 引導小朋友參與遊戲場地、情景的創設。
3. 鼓勵小朋友參與遊戲道具的設計與準備。
4. 及時跟進小朋友遊戲情況，必要時拓展遊戲。
5. 以同伴榜樣作用鼓勵能力較弱小朋友。

# 活動三：表演遊戲設計 ——
# 金色的房子（中班）

## 一、遊戲準備

### (一) 場景

創設了一個具有童話色彩的情景，布置一個很溫馨的小家。

圖 3-5-24

### (二) 頭飾

用廢舊卡紙和各色雙面膠製作而成，然後護貝，縫上橡皮筋。結實耐用，方便取戴，幫助小朋友分辨角色。

圖 3-5-25

課堂五：小朋友表演遊戲

## (三)服裝

動物角色服裝顏色鮮豔，形象可愛，方便小朋友表演，不易損壞。

圖3-5-26 　　　　　　　　圖3-5-27

## (四)道具

圖3-5-28 　　　圖3-5-29 　　　圖3-5-30 　　　圖3-5-31

金色的房子體現了紅牆、綠窗、金色的屋頂亮堂堂的特點。道具與故事描述相吻合，幫助小朋友理解故事內容。師生合作的樹、花立體感強，美化場景。

房屋的製作：將表演活動區用的塑鋼門進行裝飾，將金色的閃光紙剪成條把塑鋼邊框纏上；然後找來黃色KT版做成房頂的形狀固定在塑鋼框上，再把金色的雙面膠剪成波浪（瓦）形狀，一層一層貼在KT板上，金色的房子就做成了。

牆和窗的製作：巧妙地選用了表演區掛服裝的衣架，一分為二，上面選用綠色的金條進行纏繞，再加上綠色的紗，一深一淺，變成了綠色的窗。衣架的下面就選用紅色的KT版做牆，KT板上貼紅色金條，分成條格狀，像磚

## 活動三：表演遊戲設計—金色的房子（中班）

塊一樣，有立體效果。

樹的製作：選用 KT 板和紙箱，先用美工刀將 KT 板劃成樹的形狀，再將綠色手工紙摺成扇形，用乳白膠黏在 KT 板上固定，很有立體效果。

手工盆栽的製作：選用彩色絨布，剪成各種形狀的花瓣，用線縫製而成，顏色特別鮮豔。此套道具、頭飾用於童話劇《金色的房子》的表演，孩子們穿上動物的服裝，置身於富有童話色彩的金色的房子裡，把故事中的角色形象化、擬人化，讓孩子們易於理解和接受，再配上音樂，孩子透過角色對話以及舞蹈動作表演故事。此套道具還可以置放于表演區，用於很多故事表演的情景布置。

課堂五：小朋友表演遊戲

(五)表演成果

圖3-5-32

圖3-5-33 　　　　　　　　　　　　　圖3-5-34

圖3-5-35 　　　　　　　　　　　　　圖3-5-36

二、遊戲要點

(一)遊戲目的

　　理解故事內容，模仿故事中簡單的人物對話，並進行表演；利用材料裝扮角色，與同伴合作表演；待人寬容，培養與人友好相處的品質。

## (二)內容介紹

《金色的房子》是一部很好的教育作品，內容貼近小朋友的生活，符合小朋友的生理和心理特徵，能激發小朋友強烈的好奇心和喜歡模仿的特徵。講述了小姑娘從不接受身邊的小夥伴，到後來和小動物都成了好朋友的故事，這個故事告訴小朋友與人相處的方法—寬容、友好、大方，這樣才能收穫更多的朋友和友誼。

## (三)人物角色

故事影射了現實的生活，小姑娘就像生活中優越感滿滿的小公主，以自我為中心，自私，不會分享，而小猴、小馬、小鳥等角色就像生活中的父母，寬容、接納。在扮演小姑娘時，要把握前後心理的變化，才能表演得更逼真。

## (四)遊戲解讀

故事角色以小姑娘和小動物為主，是小朋友所喜歡的。故事使用重複手法，在表演過程中，貫穿故事的一句話「小姑娘，你那金色的房子真好，紅色的牆，綠色的窗，金色的屋頂閃亮亮」讓人物角色鮮活起來，而且朗朗上口，小朋友容易記住。

## 三、指導建議

1. 小朋友熟悉故事對話以及角色的動作表情。
    （1） 故事《金色的房子》裡有哪些角色？
    （2） 故事講了一件什麼事情？
    （3） 複述故事，練習角色的對話。
2. 分角色表演故事。
    （1） 將小朋友分成兩組，分別扮演小姑娘與小動物。教師說旁白，孩子表演對話。

## 課堂五：小朋友表演遊戲

　　（2）第二遍練習，換角色練習對話。

　3. 請小朋友自主選擇角色表演，當同一角色多人扮演時，鼓勵小朋友大膽想像角色的動作、表情，自由發揮，獨樹一幟。教師可透過提問讓小朋友熟悉角色的特點。

　　提問如下：

　　（1）小羊跑的動作是怎麼樣的？

　　（2）小鳥是怎樣飛的？

　　（3）小猴的動作是怎樣的？

　　（4）小姑娘採花時心情是怎樣的？

　　（5）誰能上來表演小姑娘採花的動作？

　　請小朋友欣賞表演，表演結束後讓小朋友評價，教師對個別小朋友的角色進行指導。

　4. 創設遊戲情景進行表演。指導小朋友合作布置場景、道具，選擇相應的出場音樂渲染氣氛，增強遊戲的趣味性。

　5. 能遵守遊戲規則，自覺收拾、整理、歸納。

　6. 活動評價，小朋友自我評價與互評。

# 活動五：中班《三隻蝴蝶》表演遊戲方案設計

## 一、遊戲準備

　1. 場景（圖 3-5-37）

　2. 頭飾（圖 3-5-38、圖 3-5-39）

活動五：中班《三隻蝴蝶》表演遊戲方案設計

圖3-5-37 　　　　　　　圖3-5-38 　　　　　　　圖3-5-39

用泡沫紙製作的花姐姐頭飾，顏色豔麗、立體感強。先把泡沫紙按花瓣形狀剪下來，然後兩張黏貼好，再用針線固定在寬橡皮筋上。

太陽公公、烏雲、雨滴頭飾：戴在頭上很方便，色彩鮮豔，讓孩子們清晰角色的分配，在表演時大膽想像，利用肢體動作表現角色的心情。

3. 服裝（圖 3-5-40～圖 3-5-44）蝴蝶、花姐姐、烏雲、太陽公公，每個角色都有服裝。蝴蝶翩翩起舞，閃閃發亮的翅膀輕盈美麗，太陽公公、草地的服裝用不織布製作，豔麗奪目，穿戴方便。

圖 3-5-40 　　　　　　　圖 3-5-41 　　　　　　　圖 3-5-42

圖 3-5-43 　　　　　　　圖 3-5-44

## 課堂五：小朋友表演遊戲

4. 道具

圖3-5-45　　　　　　　　　　圖3-5-46

先在雙面膠上勾畫出形狀，再張貼在硬紙上，護貝後剪下來，最後用橡筋固定好。扮演烏雲的小朋友能借用道具自由發揮，更能體現烏雲的肆無忌憚。

草叢和花的製作：先在卡紙上勾勒出草的形狀，剪下來後固定在泡沫板上，呈現出立體的草叢。布置場景，幫助花姐姐第一時間找到自己的位置，讓花姐姐在草叢裡自由表演，美化環境。

樹的製作：先在卡紙上勾勒出大小樹葉的形狀，用散光紙裝飾葉脈，剪下來後用鐵絲固定在樹枝上（大小竹筒）。高大的大樹不僅美化了環境，還幫助太陽公公、烏雲、雨滴出場、進場。

5. 表演成果

圖3-5-47　　　　　　　圖3-5-48　　　　　　　圖3-5-49

## 二、遊戲要點

### 1. 遊戲主題：

在反覆欣賞故事的基礎上，理解內容，激發表演的興趣和願望；用語言和動作表現人物角色的心理變化；關心別人，分辨是非，萌發團結友愛的情感。

### 2. 內容：

故事講述的是三隻蝴蝶相親相愛，不願分離，即使大雨滂沱也不願拋棄彼此，裡面的角色對話「我們三個好朋友，相親相愛不分手，要來一起來，要走一起走」精煉簡短，孩子們容易記住。整個故事有情景，有對話，有動作，很受中班孩子喜歡。

人物分析：

三隻蝴蝶遇到大風大雨的時候，依然不能動搖他們的決心，其中「請求避雨」「瑟瑟發抖」「快樂飛舞」等情緒和動作表現是重難點。

### 3. 遊戲解讀：

在理解故事相關詞語時比較困難，教師可引導小朋友用動作表現，借助服裝和道具豐富表演。

## 三、指導建議

1. 用協商的方法交流互換角色進行表演。
2. 學會收拾整理遊戲服裝、材料。
3. 示範表演時學會安靜觀看和認真傾聽。
4. 同伴互相評分的方式提高表演能力。

# 活動五：表演遊戲設計 —— 森林爺爺（大

## 課堂五：小朋友表演遊戲

班)

### 一、遊戲準備

**(一) 場景**

將活動表演場地設計成森林場景，如利用 KT 板、卡紙、紙箱、衣架等材料製作大樹，讓我們的表演場景更豐富。

圖 3-5-50

**(二) 頭飾、服裝**

小樹寶寶服裝（圖 3-5-51、圖 3-5-52）、旱魔王服裝（圖 3-5-53）、雨魔王服裝（圖 3-5-54）、風魔王服裝（圖 3-5-55）、砍樹人服裝（圖 3-5-56）、森林爺爺服裝（圖 3-5-87）、小動物服裝（圖 3-5-58）。

活動五：表演遊戲設計—森林爺爺（大班）

圖 3-5-51　　　圖 3-5-52　　　圖 3-5-53　　　圖 3-5-54

圖 3-5-55　　　圖 3-5-56　　　圖 3-5-57　　　圖 3-5-58

《森林爺爺》各角色的服裝都是家長、老師和孩子們收集身邊的廢舊材料一起動手製作的，比如：塑膠布、環保袋、吸管、不織布、廢舊窗簾、各種卡紙、衛生紙……充分體現了環保理念。同時，在各角色服裝的顏色上我們統一色調，但不統一樣式，這樣顯得色調統一又各具特色。例如：小樹寶寶和森林爺爺的服裝以綠色為主，風魔王的服裝以黑色為主，旱魔王的服裝以紅色、黃色為主，雨魔王的服裝以藍色為主。我們用廢舊材料製作的各具特色、有創意的服裝，讓我們的表演遊戲更具特色。

**(三) 道具**

大樹（圖 3-5-59）、風魔王的「風條」（圖 3-5-60）、旱魔王的「太陽」（圖 3-5-61、圖 3-5-62）、砍樹人的「鋸子」（圖 3-5-63）。

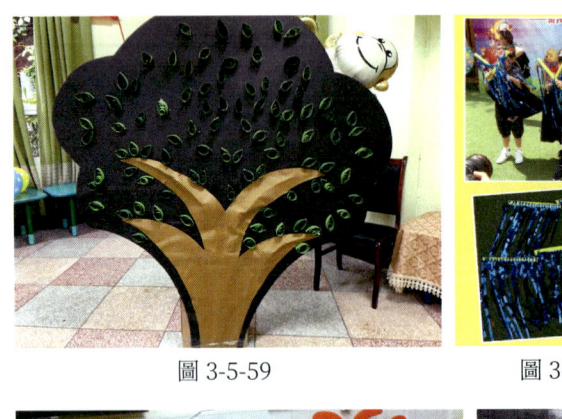

## 課堂五：小朋友表演遊戲

圖 3-5-59 　　　　　　圖 3-5-60 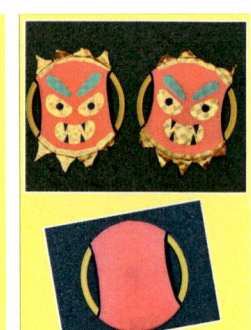　　　　　　圖 3-561

圖 3-562 　　　　　　圖 3-5-63

　　兩棵大樹：都是使用 KT 板為底製作，一棵用彩色紙杯剪成花的形狀加工，錯落黏貼在大樹上，顏色鮮豔，有層次感。另一棵大樹用綠色卡紙剪成條狀再捲成樹葉狀，用玻璃膠黏在樹上。

　　葡萄架：葡萄架採用一個可移動的架子為支撐，用塑膠葡萄藤纏繞，再掛上一些塑膠葡萄，生動形象，鬱鬱蔥蔥。

　　風魔王的「風條」：把報紙捲成紙筒並用即時黏貼固定好裝飾，再將藍色的閃光紙剪成細條黏貼在紙筒上。孩子們表演時雙手伸開奔跑，像一陣風一樣，再穿上自製的黑色披風，表演起來能很快進入角色。

　　旱魔王的「太陽」：我們將孩子們平時的體育器械借助彩色雙面膠的裝飾，變成一個像太陽的圖形，並畫上魔王兇狠的表情，孩子們會因為道具的

使用而更表演得投入。砍樹人的「鋸子」：我們找來硬紙板剪出類似鋸子的形狀，再貼上金色的雙面膠裝飾，樣子很誇張，非常吸引人。

## 二、遊戲要點

### (一)遊戲目標

大膽想像森林裡人類與自然所發生的故事，能運用肢體動作、語言等表現對角色形象的理解，體驗表演遊戲帶來的成功和愉悅感。透過表演，激發小朋友愛護大自然的情感。

### (二)簡介

森林爺爺、小樹寶寶、小動物們、風魔王、雨魔王、旱魔王、砍樹人演繹了一場人類與自然如何和平相處的故事。小樹寶寶和森林爺爺一起戰勝了自然災害，最終卻被人類給毀滅了。森林被毀壞，而人類也受到了相應的懲罰，明白了大自然與人類的關係。為了還給大自然一片森林，我們植樹讓小樹寶寶回來。森林是人類的朋友，讓我們和平相處，一起保護環境，保護地球，保護我們共同的家園！

### (三)人物角色

《森林爺爺》故事裡的每個角色，包括植物、動物等都是有生命的，我們將植物（小樹寶寶、森林爺爺）、自然現象（風、雨、太陽）都擬人化，透過動作、語言、表情將它們活靈活現地表現出來，更有童趣，更吸引孩子們的眼球。

## 三、指導建議

1. 教師透過影片或者圖片的方式說明小朋友理解故事情節、人物對話、動作表現。
2. 引導小朋友參與遊戲場地、情景的創設。
3. 鼓勵小朋友參與遊戲道具的設計與準備。

## 課堂五：小朋友表演遊戲

4. 及時跟進小朋友遊戲情況，必要時拓展遊戲。
5. 以同伴榜樣作用鼓勵能力較弱小朋友。
6. 成果展示。（圖 3-5-64～圖 3-5-67）

圖 3-5-64　　　　圖 3-5-65　　　　圖 3-5-66　　　　圖 3-5-67

# 活動六：表演遊戲設計 —— 老鼠嫁女（大班）

## 一、遊戲準備

### （一）場景

布置場景，營造戲劇表演的氛圍，為小朋友提供豐富的表演情景，使小朋友有興趣參與表演。

圖 3-5-68

活動六：表演遊戲設計—老鼠嫁女（大班）

## (二) 服裝

動物角色的服裝顏色鮮豔，形象可愛，方便小朋友表演，不易損壞。

圖3-5-69 　　　　　　　　　　　圖3-5-70

## (三) 道具和材料

圖3-5-71 　　　圖3-5-72 　　　圖3-5-73 　　　圖3-5-74

(1) 道具：本次遊戲主要的道具就是轎子和嗩吶。
(2) 材料：卡紙、紙箱、雙面膠、閃光紙、皺紋紙、瓦楞紙、金條、竹竿。

表演時嫁女情節應營造戲劇表演中歡慶喜樂的氛圍，為小朋友提供真實的表演情景，使小朋友有興趣參與表演。道具和材料以紅色為主，彰顯故事中老鼠嫁女時喜慶歡樂的氛圍。

## 二、遊戲要點

### (一) 遊戲目的

感受中國傳統文化，理解《老鼠嫁女》這一中國傳統剪紙作品的含義，

## 課堂五：小朋友表演遊戲

知道中式婚禮的一般禮儀和程式；能大膽地進行創編，用動作、語言、表情表現不同的角色特徵；會利用遊戲材料製作道具，布置簡單的遊戲場景；與同伴合作表演，體驗表演遊戲的樂趣。

### (二)內容介紹

《老鼠嫁女》故事講的是很久以前，老鼠爹娘生了一個如花似玉的鼠閨女，老鼠爸媽決定為女兒找一個最神氣的女婿。老鼠想女兒嫁給太陽，太陽說，雲能把太陽遮住，老鼠就想把女兒嫁給雲；雲說，風吹散了雲，讓他把女兒嫁給風；風說，牆擋住了風，老鼠把女兒嫁給牆吧；牆說，你們老鼠能在牆上打洞，最後老鼠還是把女兒嫁給貓。貓將鼠女娶回去後，吃掉了她。爹娘知道這個消息後悲痛欲絕，當場暈厥了過去。

### (三)人物角色

本色定位，改變了以往大家都憎恨的老鼠形象，無論是群鼠，還是鼠王、鼠后、鼠公主都顯得非常活潑可愛。在角色扮演上也打破傳統的好人和壞人二元對立的簡單模式，增添一些具有中間色彩的角色，如太陽、大風、雲、圍牆、轎夫等，能使孩子們在觀看表演時觸動他們的興趣點，不僅增長了知識，還能明白更多的人情世故。

## 三、指導建議

1. 從欣賞中國的剪紙作品《老鼠嫁女》出發，引發小朋友對其中各種角色進行模仿、造型、裝扮的興趣。
2. 當一角色多人扮演時，鼓勵小朋友大膽想像角色的動作、表情，自由發揮，保留自己的特色。
3. 嘗試合作布置場景、道具。
4. 指導小朋友收集中式婚禮所用的各種飾物或用品，比如燈籠、喜字、紅包、紅布等。

活動七：親子繪本表演—絢麗舞臺，為你喝彩（中班）

5. 用音樂渲染氣氛，增強遊戲的表演性。
6. 表演成果展示。

圖3-5-75　　　　　　圖3-5-76　　　　　　圖3-5-77

圖 3-5-78　　　　　　圖 3-5-79　　　　　　圖 3-5-80

圖 3-5-81　　　　　　圖 3-5-82　　　　　　圖 3-5-83

# 活動七：親子繪本表演 ——
# 絢麗舞臺，為你喝彩（中班）

## 一、設計意圖

孩子從出生那一刻開始，就是透過不斷地聽、看、觸摸來感知這個世

237

## 課堂五：小朋友表演遊戲

界，而繪本蘊藏著一個廣闊的世界，裡面包含了無窮盡的未知和驚奇，在他們還不能自主學習、獨立閱讀的時候，需要成人的陪伴，說明他們暢遊知識的海洋，感受繪本的樂趣。親子閱讀能豐富語彙，發揮想像力、創造力，培養閱讀習慣，提高認知等。把繪本裡一個個小小的故事、兒歌、童話透過親子表演的形式展現出來，不僅能提高小朋友對繪本的理解能力，還能促進親子的感情，學會感恩父母。鼓勵小朋友大膽上臺表演，克服心理畏懼，樹立自信，增強自豪感。道具、服裝是繪本表演發展的基礎，它豐富了小朋友表演的內容和形式，激發了小朋友表演的興趣。在製作過程中，家長、小朋友、教師齊動手，拉近了家園的距離，增強家園合作。為了進一步加強我園表演遊戲課題的研究，推動表演遊戲的發展，中班年級組研究決定，組織發展以「絢麗舞臺，為你喝彩」為主題的親子繪本表演活動。

### 二、活動目的

1. 以繪本為依託，發展童話劇、情景劇、木偶劇、快板、兒歌等多種表演形式的親子活動，培養小朋友對文學作品的興趣，促進其語言表達、藝術審美、想像創造等能力的發展。
2. 透過道具、服裝的製作，節目的排練，體驗成功的樂趣，增進親子感情，搭建友好的家園橋梁。
3. 年級組教師能積極主動，縝密思考，拓寬思路，梳理經驗，提升團隊凝聚力。

### 三、活動準備

1. 宣傳發動：前期召開年級組家長會，說明活動的意圖和參加方式，鼓勵以家庭為單位，以繪本為依託，選擇孩子感興趣的繪本故事，用童話劇、生活劇、兒歌等多種形式參與表演。
2. 報名方式：透過班級通訊軟體的群組報名，每班統計好後收集到年

## 活動七：親子繪本表演—絢麗舞臺，為你喝彩（中班）

級組，然後統一時間，具體安排節目順序。

3. 服裝、道具準備：教師、家長、小朋友。
4. 節目排練：家長利用休息時間和孩子一起排練。
5. 年級組長：撰寫活動方案、安全預案。
6. 教師：PPT、音樂廳大環境布置。

## 四、表演道具、服裝製作說明

### （一）頭飾製作

圖3-5-84　　　　　　圖3-5-85　　　　　　圖3-5-86

1. 材料：主要是各色卡紙、廢舊雙面膠、護貝機、橡皮筋、廢舊掛曆紙。
2. 製作方法：
(1) 將動物的圖案和花紋剪接後黏貼在卡紙上，然後護貝，避免受損，最後用橡皮筋固定在頭飾的兩邊。
(2) 將廢舊掛曆紙摺疊成帽子的形狀，然後用邊角雙面膠或者閃光紙剪成各種形狀進行裝飾。
3. 特點：
(1) 顏色鮮豔，牢固、取戴方便。
(2) 立體感強但不易保存。

### （二）服裝製作

自製服裝（圖 3-5-87 ～圖 3-5-89）、購買服裝（圖 3-5-90、圖 3-5-91）。

## 課堂五：小朋友表演遊戲

圖3-5-87 　　圖3-5-88 　　圖3-5-89

圖3-5-90 　　　　　　圖3-5-91

1. 材料：自製服裝主要來源於生活中收集的廢舊材料，如日曆紙、泡沫紙、塑膠袋、布、瓶蓋等。
2. 製作方法：將收集來的廢舊材料用裁剪、縫紉、黏貼等方法製作。
3. 特點：
   (1) 自製服裝環保，富有創意，形態萬千。
   (2) 購買服裝穿戴方便，顏色鮮豔，不易損壞。

### (三)場景、道具

1. 圖 3-5-92 以荷葉、荷花為背景，荷葉體現了夏季綠意濃濃的特徵，帶給人清爽的感覺，荷花的點綴多了幾分柔和，整個背景富有詩意，引人遐想。
2. 圖 3-5-93 結合大風車主題，以大小不一的風車為背景，富有靈動性。背景有主色調，清朗又不失活躍，營造了一種溫馨的氛圍。

活動七：親子繪本表演─絢麗舞臺，為你喝彩（中班）

3. 圖 3-5-94～圖 3-5-96 根據繪本內容營造相應的情景氛圍，有助於小朋友表演。

圖3-5-92 　　　　　　　　圖3-5-93 　　　　　　　　圖3-5-94

圖3-5-95 　　　　　　　　圖3-5-96

## 五、親子繪本劇表演活動成果

### （一）童話劇

《小兔乖乖》（圖 3-5-97）、《小紅帽》（圖 3-5-98）、《守株待兔》（圖 3-5-99）、《三隻小豬》（圖 3-5-100）、《三隻蝴蝶》（圖 3-5-101）。

說明：童話世界就是一幅美麗的圖畫，我們一起把它描繪出來。

### （二）生活情景劇

《寶貝的一天》（圖 3-5-102）、《媽媽我對您說》（圖 3-5-103）、《問路》（圖 3-5-104）。說明：我們想的、說的、做的，都是我們最開心的，你們知道嗎？

241

課堂五：小朋友表演遊戲

圖3-5-102 　　　　　　圖3-5-103 　　　　　　圖3-5-104

(三)繪本創新劇《小熊請客》(圖 3-5-105)。

說明：故事裡的小熊和我一樣嗎？

(四)兒歌劇《虎大王》(圖 3-5-106)

說明：你見過虎大王照相嗎？我這個虎大王和別的不一樣，猜對的還有獎勵喲！

(五)快板《張婆婆李婆婆》(圖 3-5-107)。

說明：把繞口令用快板的方法表演出來，我真棒！

圖3-5-105 　　　　　　圖3-5-106 　　　　　　圖3-5-107

# 活動八：表演遊戲方案 ——
# 《愛心小交通警察》（大班）

## 一、遊戲準備

### 1. 場景

說明：將活動表演場地設計成城市道路，如利用大型積木、紙箱等搭建樓房，利用 KT 板製作成斑馬線、紅綠燈，利用環保泡沫墊拼接成大馬路，讓表演場景更豐富。

圖 3-5-108

### 2. 頭飾、服裝

交通警察服裝、小司機、行人、爸爸媽媽。

## 課堂五：小朋友表演遊戲

圖3-5-109　　　　　　　圖3-5-110

### 3. 道具和材料

圖3-5-111　　圖3-5-112　　圖3-5-113　　圖3-5-114

道具：紅綠燈、公共汽車模型、交通標誌、交通符號指示牌、結構遊戲材料。

材料：廢舊紙板、大紙箱、羽毛球拍、卷紙筒、包裝紙、閃光紙、顏色鮮豔的及時貼、雙面貼、包裝袋繩、寬型透明膠、剪刀、刻刀。

### 4. 製作說明

(1) 汽車：利用廢舊紙板、大紙箱等製作成各種各樣的汽車，並用雙面膠、卡紙、閃光紙、卷紙筒等進行裝飾。孩子乘坐在用紙箱製作的車子裡，就好像小朋友正駕駛著一輛汽車。紙箱車的重量便於小朋友遊戲，形象、情境逼真。

第一步：先用刻刀將紙箱刻出車子的形狀─小轎車、貨車、客車、越野車；

第二步：選擇相應的彩色紙和紙筒，剪出車子上各個部位的圖樣─窗戶、車燈、車子的輪胎、不同車上不同的裝飾；

第三步：將剪下的圖樣和車上各個部位的佈局相對應，用雙面膠黏貼好；

第四步：在紙箱車上綁童軍繩，長度要適合小朋友跨在肩上。

(2) 用網球拍做的交通標誌，經久耐用，不易損壞，便於保存。顏色鮮豔，形象生動可愛，孩子手持既方便又適用。

## 二、遊戲要點

### 1. 遊戲目標

大膽表演馬路上違反交通規則的不安全行為；能用不同的語氣、動作扮演小交通警察、小司機、行人、爸爸媽媽等各種角色；在遊戲活動中體驗遵守交通規則的重要性，養成遵守交通規則的意識和防護能力。

### 2. 表演遊戲「我是愛心小交通警察」

來源於主題活動《我的安全我做主》。孩子們商量、合作用積木和積塑搭建了寬敞的馬路、社區、停車場、公園；並用廢舊材料製作了房屋、斑馬線、紅綠燈、小汽車等，創設了表演遊戲場景。

根據日常生活經驗表演出平時觀察到違反交通規則的行為，並透過愛心小交通警察的幫助改正這些不安全行為。

### 3. 人物角色

《愛心小交通警察》故事裡的每個角色，有小交通警察、司機、爸爸、媽媽、行人、孩子等，與小朋友日常生活緊密相關，孩子們可以自由自創自編每個人物的動作、語言、表情，活靈活現地表現出來。

## 三、指導建議

1. 引導小朋友學習交通規則，認識信號燈標識及幾種常見交通標誌。學習交通警察指揮手勢。（圖 3-5-115、圖 3-5-116）
2. 師生共同布置場地，指導小朋友合作搭建《安全的馬路》（圖 3-5-117）

## 課堂五：小朋友表演遊戲

圖3-5-115 　　　　　　圖3-5-116 　　　　　　圖3-5-117

3. 分組設計表演遊戲情節。
4. 小朋友自由選擇小交通警察、小司機、行人、爸爸媽媽、孩子等自己喜歡的角色進行裝扮。根據自己設計的情節進行表演。（圖 3-5-118～圖 3-5-122）

圖3-5-118 　　　　　　　　　　　　圖3-5-119

圖3-5-120 　　　　　　圖3-5-121 　　　　　　圖3-5-122

5. 觀看小朋友參與活動的情況，是否有危險行為及是否有違反交通規則的現象。鼓勵小朋友可交換表演角色。
6. 小結評價：小朋友自評或互評，對遊戲中各角色的扮演進行點評，並提出改進的意見，促進表演情節的深入發展。提醒小司機過十字

活動八：表演遊戲方案—《愛心小交通警察》（大班）

路口時一定要紅綠燈信號指示，以免發生撞車和事故。行人在路上行走時注意遵守交通規則，走斑馬線，保證安全。小交通警察發現違反交通規則的行為要立即制止。

7. 收拾整理活動場地，提醒小朋友放到原來的地方整理好。（圖 3-5-123、圖 3-5-124）

圖3-5-123　　　　　　　　　　　圖3-5-124

# 課堂六：幼稚園環境創設

## 活動一：幼稚園門窗走廊裝飾活動設計

### 遊戲一：觸摸遊戲

- 適合班級：小班。
- 遊戲目標：透過觸摸不同材質的物品，增強小朋友的觸覺經驗，提高其觸覺敏銳度。
- 遊戲場地：走廊、樓梯牆面。
- 遊戲材料：各種材質的物品，例如豆子、鵝卵石、木塊、塑膠瓶蓋、布、紙片等，若干個薄形的紙盒。
- 參加人數：適合小組玩耍。
- 遊戲玩法：將不同材質的物品貼在牆上，用小盒子裝起來，小朋友將手伸進盒子裡去摸一摸，說一說摸起來的感覺，並猜一猜是什麼，再打開蓋子驗證結果是否正確。

活動一：幼稚園門窗走廊裝飾活動設計

圖3-6-1　　　　　　　　　　　　　圖3-6-2

圖片說明：可選取圖片中的材料，將這些材料放在紙盒中，再將紙盒貼牆面進行玩耍。

## 遊戲二：表情變變變

- 適合班級：小班。
- 遊戲目標：透過替換五官讓小朋友體驗不同表情五官的變化。
- 遊戲場地：走廊、樓梯牆面。
- 遊戲材料：各種彩色泡沫紙、黏貼布。
- 參加人數：適合小組玩耍。
- 遊戲玩法：
  (1) 小朋友可以任意選取每個頭像旁邊的五官貼在臉上，觀察不同的表情；
  (2) 可聽指令完成表情，例如：老師或一個小朋友發指令「笑」，操作的小朋友就找到表現笑的五官並貼上。

## 課堂六：幼稚園環境創設

圖3-6-3　　　　　　　　　　圖3-6-4

## 遊戲三：我家有幾口

- 適合班級：小班。
- 遊戲目的：能夠根據家裡的成員插上相應的人員頭像並數出數量。
- 遊戲場地：走廊牆面。
- 遊戲材料：寶寶、爸爸、媽媽、爺爺、奶奶等基本家庭成員小頭像6套，收納袋6個貼於牆上。
- 參加人數：適合小組玩耍。
- 遊戲玩法：遊戲分小組輪流進行，週一到週五分別由1～5組小朋友將自己家庭成員的頭像放入收納袋裡，並和同伴交流家裡的人數和相關情況。用於主題活動中，讓小朋友對班上同伴的家庭情況有進一步的了解，培養小朋友的語言表達能力。

活動一：幼稚園門窗走廊裝飾活動設計

圖 3-6-5

## 遊戲四：益智類遊戲

- 適合班級：中班。
- 遊戲目標：透過不同的益智類材料，例如迷宮、拼圖、滾珠、齒輪等，訓練小朋友的觀察和動手操作能力，促進小朋友的智力發展。
- 遊戲場地：走廊、樓梯牆面。
- 遊戲材料：成品和自製材料相結合。
- 參加人數：適合個別小朋友玩耍。
- 遊戲玩法：每個迷宮可以單人，也可 2 人。

## 課堂六：幼稚園環境創設

圖 3-6-6 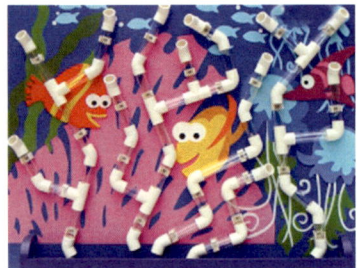　　　　　　　　　圖 3-6-7

圖 3-6-8 　　　　　　　　　圖 3-6-9

## 遊戲五：迷宮遊戲

- 適合班級：中班。
- 遊戲目標：遵守遊戲規則，透過遊戲，說明小朋友培養不怕困難的品質。
- 遊戲場地：走廊地面。
- 遊戲材料：雙面膠。
- 參加人數：適合小組玩耍。
- 遊戲玩法：
  (1) 從入口進，中途不能踩到線，從出口出，遊戲結束；
  (2) 設置情境，比如帶著小白兔穿過迷宮去拔蘿蔔，然後原路返回，把蘿蔔帶回家。

活動一：幼稚園門窗走廊裝飾活動設計

圖 3-6-10

## 遊戲六：快樂的小司機

- 適合班級：中班。
- 遊戲目標：鞏固對各種交通標誌的認識，知道簡單的交通規則，享受聽信號做遊戲的樂趣。
- 遊戲場地：走廊地面。
- 遊戲材料：雙面膠。
- 參加人數：適合小組玩耍。
- 遊戲玩法：可請老師或小朋友當交通警察，小司機按照圖紙上的標誌開車，按照交通警察的口令行駛。

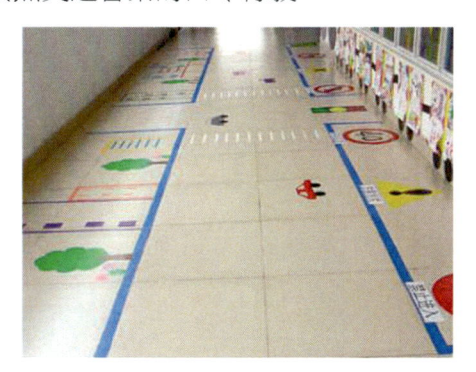

圖 3-6-11

## 課堂六：幼稚園環境創設

### 遊戲七：棋類遊戲

- 適合班級：大班。
- 遊戲目標：小朋友能遵守遊戲規則，體會遊戲的趣味性，鞏固數學領域的數物對應關係。遊戲場地：走廊地面。
- 遊戲材料：雙面膠、骰子。
- 參加人數：適合2～4歲小朋友玩耍。
- 遊戲玩法：
  (1) 透過扔骰子進行，丟到數字幾就在地面的棋盤上走幾步，看誰先走到終點為勝。
  (2) 可在棋盤裡設置阻礙和難度，比如：在其中某一步可寫上倒退3步、前進2步或回到原點等，以增加遊戲的趣味性。

圖3-6-12 　　　　　　　　圖3-6-13

### 遊戲八：好玩的時鐘

- 適合班級：大班。
- 遊戲目的：能熟練地認識時鐘，並能知道一天每個時段該做什麼。
- 遊戲場地：走廊地面。
- 遊戲材料：雙面膠。
- 參加人數：適合小組玩耍。

- 遊戲玩法：將 12 個小時的時鐘貼在地面上。聽指令找到相應的時鐘，比如：發出指令「1 點鐘」，小朋友迅速找到 1 點鐘位置，站錯的淘汰。

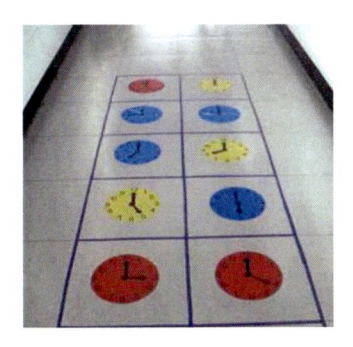

圖 3-6-14

## 遊戲九：跳房子

- 適合班級：大班。
- 遊戲目的：掌握單雙腳連續跳格子，鍛鍊腿部力量，有良好的動作協調性、靈敏性。
- 遊戲場地：走廊地面。
- 遊戲材料：雙面膠、沙包。
- 參加人數：適合小組玩耍。
- 遊戲玩法：
(1) 根據樓道場地畫一個大小適中的格子房子。然後按順序在每個格子裡面寫上數字 1～10。
(2) 四種玩法：
(3) 一是從第一個房子起點開始，每一格單腳跳躍到終點；
(4) 二是每一格雙腳跳躍到終點；
(5) 三是每一格單雙腳交替跳；

255

課堂六：幼稚園環境創設

(6) 四是雙腿夾沙包跳，跳躍時，要求跳到格子中間，不能踩到邊緣線。

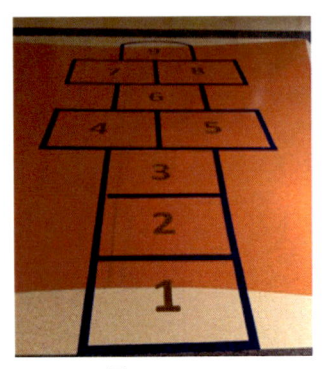

圖3-6-15　　　　　　　　　　圖3-6-16

# 活動二：幼稚園活動區材料放置

### 建議一（小班）角色區

觀察班級：小班

觀察區域：角色區

觀察時間：2016 年 11 月

觀察者：復興幼稚園　　龔國蓮

**觀察情景描述：**

區域活動時間又到了，子浩、維維、鳳儀幾個小朋友來到了「小醫院」，子浩爸爸是個醫生，子浩對醫生總是充滿欽佩，所以總要爭搶著當一名「醫生」。他很快穿好工作服，整理好聽診器之類的醫用器具，做得有模有樣，等著來「醫院」的「病人」。沒過多久，鳳儀來看病了，「醫生，快給我看看，我生病了，頭好暈。」說完，子浩就開始忙了起來，先給鳳儀看病，診斷是

什麼情況,然後打針,邊打邊在不停地安慰鳳儀「別怕,打針不疼的,打完針就好了」,打完針後,又給鳳儀開了藥。維維在一旁看著,一直不說話,也沒有要加入遊戲的意思。我悄悄地走過去提醒:「維維,該你去看病了。」「老師,我不想去。」維維嘟著嘴說。我又問道:「為什麼呀?」「我,我怕打針。」維維小聲地說。我蹲下來,對他說:「維維,生病了要去醫院看醫生,要讓醫生先檢查身體,不嚴重的話就不需要打針,吃藥、多喝水、多休息就會好的。如果你不去看醫生,拖久了,病變嚴重了就會打更多的針,還會住院的,那就更不舒服了。」聽了我的話,維維終於加入遊戲了,但表情還是有點害怕。

**給老師的建議:**

對於小班的孩子來說,醫院在小朋友的印象中是比較令人恐懼的,幾乎每個孩子都怕打針、吃藥。作為老師,不僅要為小朋友提供遊戲的機會,還應該是引導者和支持者。

**1.角色的互換。**

在遊戲中,可以讓那些害怕當病人的孩子先去扮演醫生的角色,比如讓經常當醫生的子浩也扮演一下病人,讓害怕打針的維維也去扮演一下醫生,讓他體驗到醫生的職責,了解醫生在我們生活的重要作用。同時也減少了小朋友對看病、打針、吃藥的恐懼感,把遊戲中的感受運用到了實際生活中去。

**2.物品的豐富。**

在「小醫院」這一角色區除了放置一些常見的醫用器具外,也要放置一些布娃娃、毛絨動物玩具等,讓孩子們也體驗一下帶著她的「娃娃」「動物朋友」去醫院看病,讓他們完全自由自主地投入遊戲中,他們可以主宰遊戲,可以任意擺弄材料。透過這樣的角色遊戲,提升小朋友的角色扮演能力和生活認知能力。

# 課堂六：幼稚園環境創設

## 建議二（中班）建構區

觀察班級：中班

觀察區域：建構區

觀察時間：2016 年 12 月

觀察者：復興幼稚園　　田佳

### 觀察情景描述：

孩子們進入建構區，哲哲先看了看牆上的圖片，然後選擇了幾個奶粉罐做了輕軌的柱子，他一邊很認真地搭建，一邊仔細地看著圖片，還說著：「再拿個奶粉罐。」沒過多久，他按照圖片搭建好了輕軌。而其他孩子仍然是自顧自地搭建，其他三個孩子分別都搭建出了圖片上的高樓造型，而另一個孩子搭建的房子基本上是三層樓高的房屋，以紙板為屋頂，我暗示三個孩子：「怎麼樣能把你們的房子連起來呢？房子和房子之間還有什麼呢？」此時，佳佳說：「有馬路、長江大橋。」心怡說：「還有樹。」這時，我提議：「請你們再選一種材料來鋪路，把你們三個人造的房子都合起來，再選其他材料來建大橋。」孩子們立即就開始動起手來，他們選擇了三塊立體的方形泡沫塊作為橋墩，豪豪拿起一塊長長的紙板放在橋墩上，很快，長江大橋就建好了。孩子們變得更加積極了：「老師，我們還想建一個交通警察月臺。」「交通警察月臺是什麼形狀的？」我問。「我知道，是圓形的。」一旁的佳佳搶著說。我追問著道：「那用什麼材料合適呢？」鑫鑫看了看周圍，眼睛一亮，說：「將紙板剪成圓形。」「那你們去試試吧！」我說。

### 給老師的建議：

**1. 小朋友經驗的積累：**

透過談話活動、請家長實地參觀等方式，先帶孩子去參觀重慶的建築、環境、交通等。

## 2. 材料的調整：

增加了一些樹木、花草等比較生動形象的材料，使整個建築區更像是一個整體。同時，也增加了一些廢舊材料，如飲料瓶子、汽車及員警玩具等。這些材料都是幼兒與家長們共同收集的。小朋友已經積累了一些「拼搭」的經驗，可以有選擇地將這些材料投放到區域中，同時也不斷地更新材料。

# 建議三（大班）表演區

觀察班級：大班

觀察區域：表演區

觀察時間：2017年2月

觀察者：復興幼稚園　　聶庭菊

## 觀察情景描述：

元旦節時幼稚園的全體教師表演了《白雪公主》的經典童話故事，孩子們被老師們誇張的表演、有趣的道具所吸引。這不，這學期一開學，孩子們進行區域活動時就迫不及待地選擇了表演區。一進入表演區孩子們就忙開了，開始自由選擇角色。

雯雯說：「我當白雪公主，因為我皮膚白。」云云說：「好吧！我來當王子。」灃灃說：「我當獵人，因為我比較壯。」嵐嵐說：「我們剩下幾個身高比較矮，我們就當小矮人吧！」「好呀！好呀！」角色很快就分好了，孩子們準備去進行自己的裝扮了。突然，嵐嵐喊起來：「哎呀，我們忘了一個重要的角色了，還有皇后呢，沒有皇后我們怎麼開始呢？」「對呀，那就從演小矮人的人裡選一個來當皇后吧！」「我不想當壞皇后」「我也不想當，因為皇后是壞人」「那怎麼辦？」看到孩子們一臉糾結的樣子，我正準備參與到他們的遊戲中。嵐嵐大喊一聲：「嘿，我有辦法了，要不我們輪流當或者猜拳，誰輸了誰來當。」「那就猜拳吧！」一下子皇后的人選也確定了。這下，角色選擇完

# 課堂六：幼稚園環境創設

畢，孩子們開始給自己「化妝」。

云云把絲巾當成了王子的披風，把體操棒當成了寶劍；沒有皇冠，雯雯自做了一個花環帶到頭上；瑩瑩演皇后，她把黑色垃圾袋當成皇后的披風；小矮人的扮演者把體操棒當成了勞動的工具。「大家快點，我們的表演馬上開始了。」「好的，來了，來了」，雯雯說：「聶老師，你幫我們放一下音樂吧！」「好的。」表演開始了，演員們一個個跟著故事角色開始出場。

瑩瑩的皇后出場時一扭一扭的，眼神與動作、道具結合，贏得了「觀眾」的陣陣掌聲。活動區結束後，孩子們自我總結。嵐嵐說：「聶老師，我覺得今天瑩瑩演得最好，她的眼神真的像壞皇后。」云云說：「聶老師，我覺得今天我們都演得很好，因為我們的道具都很搞笑。」小宇說：「我們的動作不是太好，可以再誇張一點。」

### 給老師的建議：

大班的表演遊戲，已經慢慢突破了小朋友對教師模仿和服從的傳統表演遊戲模式。教師除了提供時間、空間和基本材料外，很少干預小朋友的遊戲。如情節、臺詞的設計以及角色選擇等遊戲過程，都是按照小朋友的意願進行的。

要讓小朋友真正成為遊戲的主人，教師不僅是教育者，更是小朋友遊戲的夥伴。要讓小朋友在遊戲中玩得開心，玩有所得，教師就要用心觀察小朋友的遊戲行為，帶著童心去參與小朋友遊戲。

1. 重視良好遊戲環境的創設，營造良好的遊戲氛圍，引導小朋友參與遊戲環境、材料的創意設計，把遊戲的自主權還給小朋友。
2. 重視活動後小朋友的經驗交流，提高小朋友的表演技巧。同伴間的互動和影響對小朋友的學習來說非常重要。大家討論後總結出表演時要表現出人物的性格特徵、表情、動作以及語言等。在以後的表演中，孩子都會以此為基礎，同時加入自己的元素，充分發揮自己

的主動性，不僅有益於小朋友的社會性發展，而且有助於小朋友表演技巧的提高和其他方面的發展。
3. 隨時關注小朋友，根據孩子與物品的互動，隨時更換不適宜的物品，提倡一物多玩。
4. 做活動的旁觀者，只觀察、不干預、不主動幫助，管住自己的嘴巴和行動，用心了解孩子的活動情況。當孩子在遊戲中遇到困難，或因思維受到限制、缺少創新而使遊戲無法繼續深入時，教師參與的策略核心都是引導孩子自己試著去解決。

# 活動三：幼稚園主題牆設計

## 方案一：從「一面牆」到「一面會說話的牆」—— 大班《重慶非去不可》主題牆設計方案

### 一、主題說明

翻開今年大班四月的主題：《重慶非去不可》。對於 1997 年參加工作的我，彷彿經歷了一場時空穿梭。10 年前，幼稚園開啟第一輪課程改革，我開始嘗試跟隨課程實施，製作豐富多彩、琳琅滿目的階段性展示牆面，這時候的主題牆是「一幅畫」：只能看、不能摸，重展示、碎片化，靜態型、單向性。2017 年，彷彿一個輪回，職業生涯中第五次做這個相關的主題，經過高瞻課程洗禮的我和我的同伴們，開始回到原點去思考：主題牆是什麼？主題牆為什麼？主題牆怎麼做？我們不再去絞盡腦汁尋找「精美」「漂亮」的圖片，也沒有加班獨自奮戰，我們要把主題牆還給孩子，要讓主題牆成為一面會說話的牆！

## 課堂六：幼稚園環境創設

是的，讓主題牆會說話。那麼，這面牆說什麼？怎麼說？為誰說？這三個問題從主題的策劃到主題的實施，再到主題牆的展示一直伴隨著我們。

## 二、主題目標

經過班級老師討論，我們把主題目標確定為：透過語言講述、歌舞表現、繪畫製作、材料構建等形式表現自己對家鄉的認識，喚起孩子們作為重慶人的自豪之情。

## 三、創設規劃

首先，老師在班級組織孩子們發展了「如何介紹家鄉重慶」的討論。討論結束後，大家統一決定，主題牆內容將從「吃在重慶」「樂在重慶」「美在重慶」三個板塊進行呈現。（圖 3-6-17）

## 四、創設過程

### （一）吃在重慶

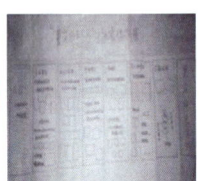

圖 3-6-17 主題目標及規劃草圖

在一次會談中，外地實習老師以「遊重慶」的困惑開啟話題，小朋友紛紛表示願意以重慶本地人的身分擔任小導遊。討論中，他們認為「美食」對人的誘惑最大，介紹家鄉重慶，首先要從「吃」的方面入手。大家首先提到的重慶美食是火鍋，充分利用孩子們的興趣，我們進行了如下活動：首先，一起討論火鍋的來源，探究火鍋的發展歷程以及火鍋中的佐料。孩子們結

活動三：幼稚園主題牆設計

合自己已有經驗回憶、討論、猜想，走進火鍋店實地探訪驗證，大家把收集的火鍋佐料帶到幼稚園，展示在主題牆上。自由活動時間裡，他們常常會趴在主題牆上看一看、摸一摸、聞一聞、嘗一嘗、說一說，感受和分辨各種佐料。

最後，大家提議：我們在「娃娃家」邊玩邊吃火鍋！小朋友們圍坐一桌，大碗吃肉，舉杯暢飲，毛肚、鴨腸、牛肉、豆干，邊吃邊煮，邊吃邊聊，其樂融融。（圖 3-6-18）

圖 3-6-18「娃娃家」吃火鍋

在餐後的自由繪畫中，小朋友們自發地畫了吃火鍋的人：擦汗的，大口吃肉的，伸出舌頭吐氣的……他們還將收集好的火鍋店名字張貼在主題牆上，一起觀賞討論。（圖 3-6-19）我忽然覺得，這面牆好像會說話了。（圖 3-6-20）

圖3-6-19繪畫吃火鍋，收集火鍋名　　圖3-6-20觀賞討論

「吃在重慶」基於鄉土文化與孩子日常生活的聯繫，在「身為重慶人—想到重慶火鍋—再到佐料探討—最後回到吃火鍋的人」這樣一條課程實施主線的引導下，自然萌發探索興趣，透過自主體驗、同伴合作、師生探討等環

263

課堂六：幼稚園環境創設

節，實現了從物到人、由感官到精神體驗的再認識。

## （二）樂在重慶

孩子們認為，在重慶，除了吃肯定少不了玩樂。在家長的幫助下，小朋友們利用週末時間，製作了有圖文的旅遊手冊。在區域活動和晨間分享時段，小朋友以「小導遊」的口吻進行介紹、推薦，並提出遊的建議（圖3-6-21）。同時，我們在主題牆上設置小口袋，放置孩子們的建議手冊，方便他們隨時拿出分享（圖3-6-22）。

圖3-6-21本周小導遊　　　　圖3-6-22導遊手冊口袋

形形小朋友的老家在銅梁，她興趣盎然地給大家分享了看舞龍的經歷，小朋友聽得津津有味，還時不時提出了許多問題。於是，我們透過故事、圖片、影片，讓孩子們感受、了解銅梁龍的特點。區域活動中，他們自發在藝術區製作銅梁龍，並嘗試舞龍表演。但，龍的身段太短，表演起來很不順暢（圖3-6-23）。需要多長才適合呢？朱祉惟張開雙臂說：「要這麼長……」「短了，短了。」熊小滿立刻接上了，「這樣夠了嗎？」「不」黃璽榛又接了上去，「可以了」。

孩子們最後決定，需要三個人張開雙臂連起來這麼長。接下來，老師提供了長度足夠的材料，他們分工合作，有的畫龍珠，有的畫龍頭，有的畫龍身，有的勾線，有的塗色……一條漂亮的銅梁龍繪出來了（圖3-6-26）。拿什麼做舞龍的支撐呢？「用筷子？」「長度不夠，黏性不好。」「用長吸管？」

活動三：幼稚園主題牆設計

試了試，正好！用多少根呢？經過討論，大家認為，要和參與舞龍的人數一樣多才可以，12根。耶，製作完工。

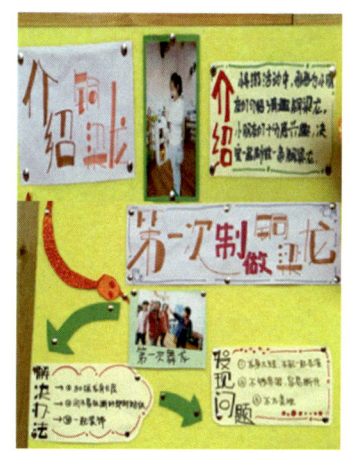

圖3-6-23第一次舞龍　　　圖3-6-24分工改進銅梁龍

接下來，孩子們嘗試第一次舞龍。可由於舞龍的人多，動作無法施展，還因為動作不協調，常常相互碰撞。「去掉幾根吸管吧！」於是，吸管從12根減到了7根。再次觀看影片，孩子們明白，舞龍時的協調合作很重要。於是，他們先嘗試合作協調走，然後由老師持龍珠，孩子們仔細觀察，隨龍珠的位置高低來做相應的動作。如：龍珠舉得高，龍頭就舉得高，龍珠舉得低，小朋友就得蹲下來舞龍。隨龍珠的變化方向，慢走，小跑，左傾，右斜。孩子們玩得多開心！（圖3-6-25）

265

## 課堂六：幼稚園環境創設

圖 3-6-25 再次改進銅梁龍

　　主題牆上，我們透過照片和文字的形式展現了孩子們製作銅梁龍和舞龍的過程，這是一種課程實施的延展，更是一種探索過程深化的呈現。既便於孩子們對經驗的回顧，更讓孩子的發展看得見（圖 3-6-26）。

　　主題活動結束後，我們把這個主題板塊移入了「角色區」，活動繼續延伸拓展，讓成品主題牆成為延伸學習的活教材。

圖 3-6-26 製作及舞龍的整體板塊

## （三）美在重慶

重慶，具有「橋都」的美譽。在給實習老師介紹旅遊景點時，好多孩子都提到了重慶的橋，引起了班上小朋友對橋的關注。由此，我們發展了如下活動：「家鄉的橋」（圖 3-6-27）、「橋梁知識全點擊」（圖 3-6-28）、「我是橋梁設計師」（圖 3-6-29）。

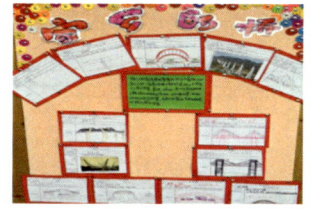

圖3-6-27家鄉的橋　　圖3-6-28橋樑知識全點擊　　圖3-6-29我是橋樑設計師

在家長的協同幫助和老師的引導下，孩子們完成了從觀察欣賞，到造型探析，再到主動創作的全過程。（圖 3-6-30、圖 3-6-31）

圖3-6-30主動創作橋　　圖3-6-31創作的各式橋

## 五、創設反思

如今的主題牆是一面會說話的牆，它吸引著孩子和家長們駐足觀賞、分享討論（圖 3-6-32），它是課程的一部分，亦是課程的延展；是孩子們經驗

## 課堂六：幼稚園環境創設

的呈現，亦是孩子們學習的過程。從「一面牆」「一幅畫」到「一面會說話的牆」，20年間，主題牆的變化見證著幼稚教育理念的變化，20年間，主題牆內容的變化輝映著家鄉重慶的發展與變遷。

《中國重慶非去不可》見證我和孩子們的成長！（圖 3-6-33）

圖3-6-32觀賞討論　　　　　　　　　　圖3-6-33主題牆全貌

### 方案二：與小朋友對話的牆 —— 大班《重慶非去不可》主題牆設計方案

### 一、主題說明

「家鄉到底是什麼？我們的家鄉是哪裡？」帶著孩子們的疑問，我們選擇了「重慶非去不可」這一主題，旨在為孩子們解開謎底。《綱要》中指出：「環境是重要的教育資源。」基於此，我們計畫給孩子們創設一面「會說話，能互動」的牆。

### 二、主題目標

| 重慶非去不可 |
|---|
| 1. 了解重慶的美食、美景，感知重慶的人文。<br>2. 能用豐富的語言講述對重慶的感知。<br>3. 會用多種藝術形式表現對重慶的形象，激發身為重慶人的自豪感。|

| 1. 體驗與感受 | 2. 表現與創造 |
|---|---|
| (1) 對重慶的美食感興趣，有尋找與探究的願望。<br>(2) 了解重慶的自然風景和建築特色。<br>(3) 了解重慶的名勝古蹟，感受重慶的文化。 | (1) 與同伴一起分享美食，大膽表達自己品嘗重慶美食時的感受。<br>(2) 用版面、刮畫、撕貼等多種藝術形式表現重慶的美。<br>(3) 能用方言劇、童謠等多種形式表達對重慶人文的體驗。 |

課程框架為：(整合五大領域)

| 重慶美食，非吃不可 | 重慶美景，非看不可 | 重慶景點，非玩不可 |
|---|---|---|
| 內容：<br>1. 紅紅火火吃火鍋（藝術、語言）<br>2. 舌尖上的重慶（科學、語言）<br>3. 美食一條街（藝術、語言）<br>4. 特產購買（科學、社會） | 內容：<br>1. 神奇的山，美麗的城（語言）<br>2. 重慶地標建築（社會）<br>3. 重慶的橋（科學）<br>4. 大橋多又多（藝術、健康）<br>5. 迷人的重慶夜景（藝術） | 內容：<br>1. 銅梁龍（社會）<br>2. 黃絲螞螞（藝術）<br>3. 黃桷樹（語言）<br>4. 好玩兒的地方在哪裡？（健康） |

在活動中，我們整合實施五大領域內容，關注小朋友學習與發展的整體性，呈現豐富的主題板塊，最大限度地支持和滿足小朋友透過直接感知、實際操作和親身體驗獲取經驗的需求。

# 三、創設規劃

## (一)版塊設計

根據主題分析，我們將主題牆創設劃分為 4 個板塊：吃在重慶、美在重慶、樂在重慶、未來重慶。（圖 3-6-34、圖 3-6-35）

## 課堂六：幼稚園環境創設

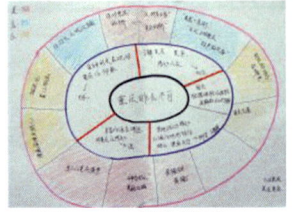

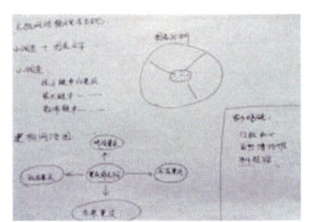

圖3-6-34網路梳理　　圖3-6-35網路梳理　　圖3-6-36板塊設計

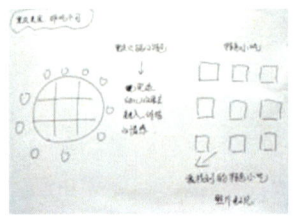

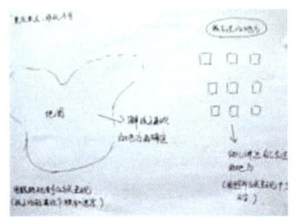

圖3-6-37板塊設計　　圖3-6-38板塊設計

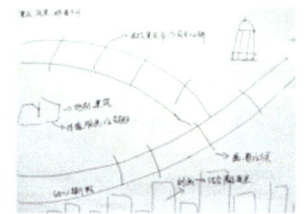

### (二) 繪製主題

牆草圖（圖3-6-36～圖3-6-38）我們選擇在走廊—這個小朋友每天過往最多的地方創設主題牆，將前三個板塊設置在走廊上。用一個長10公尺、立體延伸2公尺、高1.2公尺的空間立體呈現「重慶非去不可」的背景，和小朋友一起創設與之發展相適應的教育環境。

### (三) 邊框設計

邊框用什麼圖案更好呢？主題牆是潛在的課程，還是交給孩子們來決定吧。我們和孩子一起探討用最能代表重慶的符號來做邊框，「山水」成了我們的共識。孩子們說：藍色代表水，橘色代表山。在這一過程中，和諧優美的邊框陶冶了小朋友感受美、表現美、創造美的情操。

## 四、創設過程

這就是我們班創設的主題牆，它呈現了小朋友的學習，再現了教師的教學，充分考慮了小朋友的感受。（圖3-6-39～圖3-6-41）

這個部分，我們給它命名為外主題牆，我們用簡短的文字描述了《重慶

活動三：幼稚園主題牆設計

非去不可》主題說明，目的是讓成人了解我們的活動。

圖3-6-39主題牆全景　　圖3-6-40調查問卷　　圖3-6-41調查問卷

下面詳細說明每個板塊。

### 板塊一：「重慶美食，非吃不可」

板塊目標：

1. 對重慶的美食感興趣，有尋找與探究的願望。
2. 與同伴一起分享美食，大膽表達自己品嘗美食時的感受。

創設說明：

首先我們請家長帶小朋友去體驗特色美食—火鍋，透過集中活動《紅紅火火吃火鍋》講述、感受燙火鍋的熱鬧景象，孩子們用繪畫的方式記錄了自己喜歡燙的菜，並將繪畫作品展示在了主題牆上。此板塊除了呈現小朋友的美食繪畫作品外，還將收集到的小朋友尋找、品嘗美食的照片布置到主題牆上，再現了小朋友的活動。（圖3-6-42至圖3-6-44）

典型案例：本以為重慶美食的主題牆就這樣呈現每個小朋友的學習，沒想到這面牆萌發了小朋友更多的想法。孩子們時常來這裡看看，「這是我喜歡燙的藕片。」「快看這是我喜歡吃金針菇。」小小的主題牆，成了孩子對話的大大天地。後來，孩子們在大大的鍋邊添加繪畫了煮火鍋的自己，談論起火鍋的「麻辣鮮香」，見到這一幕，我們生成了活動—我喜歡吃的重慶菜。孩子們把收集到的作料在主題牆上呈現了出來，到這裡聞聞、摸摸、看看的孩子多了，某天睿睿發現地跟大家宣佈：「我們幼稚園吃的都是川菜！」孩子們又展開了對中國美食的探討，了解了中國的八大菜系。

透過此板塊創設我感悟到：主題牆是動態的教育環境，老師應該不斷地

271

## 課堂六：幼稚園環境創設

追隨、支持孩子的想法，讓主題牆跟小朋友對話。透過這個案例，我們清晰地看到小朋友玩了些什麼，做了些什麼，對什麼事情感興趣，發現和解決了什麼問題，這個板塊呈現了主題牆的動態性。

圖3-6-42吃在重慶　　圖3-6-43吃在重慶　　圖3-6-44吃在重慶

**板塊二：「重慶美景，非看不可」**

板塊目標：

1. 了解重慶的自然風景和建築特色。
2. 用水粉畫、刮畫、撕貼等多種藝術形式表現重慶的美。

創設說明：

孩子們用撕貼、顏料刷畫的方式在主題牆上展示了長江和嘉陵江，用版畫的形式展示了重慶建築的特色，還用了美術創意課中的刮畫，裝扮著迷人的山城夜景。我們用小調查統計了主城的索橋有14座，梁橋12座。用插標籤的方式幫橋做分類。（圖3-6-45、圖3-6-46）

典型案例：重慶是橋梁之都，我們在圖書區放置的《世界名橋》《橋的秘密》引起了孩子們的廣泛關注。他們有了探索「各種各樣橋」的欲望，從觀看「家鄉的橋」到設計「我們的橋」，自己設計橋成了小朋友最自豪的事情。主題牆中每一位元孩子設計的橋都躍然紙上。第一步時間，小朋友由平面觀察討論主題牆上的橋轉向立體化的建構。一次區域活動中，積木區的孩子試著搭建了千廝門嘉陵江大橋，可是被「拉索」給難住了，後來大家開始討論製作拉索橋需要的積木以及其他輔助材料，如：剪刀、透明膠；第二步提議繪製以「千廝門嘉陵江大橋」為雛形的設計圖；第三步，把收集到的材料準備好；

第四步，商量分工搭橋墩、橋面、拉索。

歪歪扭扭的拉索弄好了，孩子們高興地歡呼：「耶！終於做好了！」遊戲回顧環節，孩子們記錄下了四個步驟張貼到了主題牆上，讓其他同伴借鑒這種搭建方法。（圖3-6-47、圖3-6-48）

透過此階段的創設，我感悟到：主題牆是以小朋友為主體的教育環境，是每個小朋友展示自己的舞臺。豐富多彩的主題牆不是牆面的裝飾，是讓小朋友圍繞主題活動融入自己的思考，表現自己的經驗、能力和感受的地方，這個板塊呈現了主題牆的主體性。

圖3-6-45美在重慶　　圖3-6-46美在重慶　　圖3-6-47家鄉的橋　　圖3-6-48我們的橋

**板塊三：「重慶景點，非玩不可」**

板塊目標：
1. 了解重慶的名勝古跡，感受重慶的文化。
2. 能用方言劇、童謠等多種形式表達。

創設說明：
1. 這是小班長廣播站—「我去過的好玩地方」。
2. 這是棋類遊戲—「綠色出行」。（圖3-6-49、圖3-6-50）

典型案例：游博普在講述時提問：「大家猜猜我去了哪裡？」看大家沒反應，他突然想起什麼，「老師，主題牆不是有照片嗎？」哦，我們恍然大悟，趕緊和孩子來到主題牆邊，把他去重慶海洋公園的照片取了出來，他像個科學家一樣自信滿滿地講述了海龜的特點。由於講述的孩子很多，我們在這個展示板塊裡進行了小小的處理，當孩子講述完後，他們可以自己把講述的內容照片插到固定的相框中。這樣，大家講述的內容都可以在主題牆上展示出

## 課堂六：幼稚園環境創設

來了。（圖 3-6-51）

　　小班長與主題牆的互動讓我感悟到：主題牆是互動的教育環境，諸如綠色出行棋可以看、可以玩，這樣的主題牆才是孩子們喜歡的，才能滿足小朋友發展的最大需要。這個板塊體現了主題牆的互動性。

圖3-6-49玩在重慶　　　圖3-6-50玩在重慶　　　圖3-6-51小班長講述

**版塊四：「未來重慶」**

　　這一板塊進行了「留白」處理，旨在讓孩子用自己的方式表達對重慶的願景與祝福。

　　一周過去了，我們聽到了這樣的聲音，看到了這樣的暢想。（圖 3-6-52～圖 3-6-54）

圖3-6-52未來重慶　　　圖3-6-53未來重慶　　　圖3-6-54未來重慶

辛俊傑：我希望未來重慶的房子更漂亮。

李柯傑：我覺得未來的重慶必須要住的人越來越多。

蔡欣言：我希望未來重慶發展得越來越好。

尹伊：我希望未來重慶的樹越來越多。

關皓勻：我希望未來重慶的錢越來越多。

漆耀坤：我希望未來重慶的橋可以不用橋墩。
江心月：我希望未來重慶是獨一無二的重慶。
葉芷彤：我以後要上大學，就讀我們重慶北碚的西南大學。
王芮晨：我要上朝陽小學，還要上重慶的大學。
田欣妍：我希望未來的重慶到處有小鳥和很多小動物。
……
我們深深地感受到未來的重慶很有希望，未來的重慶很有魅力！

## 五、創設反思

歷時四周的主題活動「重慶非去不可」已經結束，新主題已然開啟，但小朋友對家鄉的關注點並未結束，晨間小朋友會指著主題牆中某一建構，提問父母：「這是什麼橋？」；有孩子仍扮演著小老闆，讓夥伴買家鄉特產；更有孩子在自由繪畫時描繪未來幼稚園的樣子。

反觀主題牆創設的形式，有主題相關的三維經驗調查，有主題相關的知識與能力建構，有主題相關的照片或圖片、學習單、操作記錄、談話活動、美術作品、手工作品，有主題相關的互動區域。在物質環境的創設上利用了牆面、窗臺、空地等多地方展示呈現，還利用了二維、三維作品豐富主題牆。2% 的牆面說明文字，98% 的牆面用於小朋友自主發揮。（圖 3-6-55 至圖 3-6-60）

主題牆創設不僅僅是「美化、綠化、淨化」的外在裝飾，也不是教師一個人的手工勞動，更不是盲目仿效他人的流行趨勢。我們應該以小朋友發展的需要為目的，做到「三性」，即尊重小朋友的「主體性」、跟隨課程活動和小朋友發展的「動態性」、注重牆面和小朋友之間的「互動性」。

## 課堂六：幼稚園環境創設

圖3-6-55會說話的牆　　圖3-6-56會說話的牆　　圖3-6-57會說話的牆

圖3-6-58會說話的牆　　圖3-6-59會說話的牆　　圖3-6-60會說話的牆

讓牆面成為有意義的環境，真正支持、伴隨教師和小朋友實現自身的成熟與發展！

## 方案三：與牆面「做遊戲」，為夢想「堆積木」——中班《爸爸媽媽的職業》主題牆方案設計

「堆積木」是小朋友最喜愛的遊戲活動之一，在主題牆的創設過程中，我們借鑒了作為全納教育理念的「堆積木」模式，教師在主題發展過程中為小朋友提供「堆積木」似的支援，同時小朋友在遊戲中完成自我經驗的一步步「搭建」，使主題牆成為展示、教育與審美價值並存的高品質「遊戲場」，讓小朋友在與環境的對話中收穫更多。在本次主題牆創設中有以下幾塊重要「積木」應用。

### 一、創生班本化課程，讓主題牆走進童心

尊重小朋友發展的個體差異，教育者應支持和引導他們從原有水準向更高水準發展，按照自身的速度和方式達成「小步階梯式發展」。本主題實施過

程中允許兒童全面參與，適時改變和調整教育活動，讓「積木」搭出特色，彰顯個性，讓主題牆走進童心，留下美好。

### (一) 小朋友為本，深度聚焦

原主題網路清晰明瞭地劃分為「各行各業」和「我的夢想」兩個部分，班級教師在主題前審議時發現：本班 34 名小朋友的家長構成中，88.2% 的家長均為高校教師或相關工作人員，

因此相對「各行各業」而言，本班小朋友最先了解、最熟悉的職業是「教師」。抓住中班小朋友喜歡象徵性遊戲的特點，我們在忠實原主題的基礎上進行了班本化創生：

1. 微調主題目標。（圖 3-6-61）
2. 明晰課程網路。

聚焦「教師」這一職業，從親子調查「爸爸媽媽的專業」入手，家長代教活動相伴，讓小朋友了解爸爸媽媽雖同為「教師」，授課專業及工作時間、場地卻千差萬別，從而體會父母努力工作養育自己的辛勞。接下來透過科學探索、外出參觀、體驗遊戲等多種方式了解「各行各業」不同類型的職業，知道從事這些職業的人是如何為我們服務的，最後用意願畫、傳遞活動等表達「我的夢想」，放飛對未來的暢想。（圖 3-6-62）

| 序號 | 原主題目標 | 調整後主題目標 |
|---|---|---|
| 1 | 知道父母的職業，能體會到父母為養育自己所付出的辛勞。願意與父母一起參加社區一些的群體活動。 | 了解父母的專業，體會父母努力工作養育自己的辛勞。 |
| 2 | 了解一些與自己生活緊密聯繫的職業，比如：員警、農民、美髮師、計程車司機、運動員、醫生、廚師、教師、服務員。 | 了解一些與自己生活緊密聯繫的職業，如員警、醫生、美髮師、運動員、醫生、廚師等，知道從事這些職業的人是如何為我們服務的。 |

## 課堂六：幼稚園環境創設

| 3 | 能透過簡單的調查收集資訊，用圖畫或其他符號進行記錄。 | 透過職業體驗遊戲，大膽暢想未來的自己。 |
|---|---|---|
| 4 | 在生活情景中，感知物體的位置和運動方向以及序數、數字的意義，會用數詞描述事物的順序和位置。 | 能透過簡單的調查收集資訊，能用圖畫或其他符號進行記錄。 |

圖 3-6-61

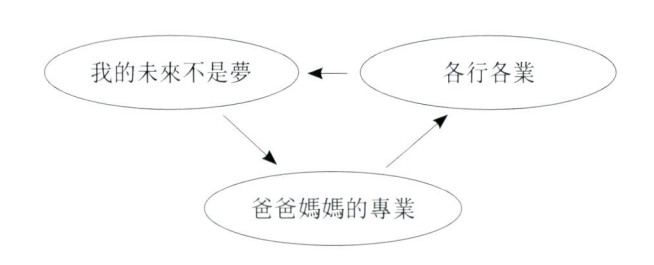

圖 3-6-62

### (二) 大船為型，樂享童趣

背景設計為一艘大船，可以想像成小朋友的能力之舟、經驗之舟，寓意天馬行空。根據調整後的網路將主題牆分為三個板塊，以明度和純度較低的黃、白、綠三色為背景，小朋友將其解讀為他們喜聞樂見的消防員、醫生、軍人三種職業的代表色。素材大面積採用快遞紙箱，自然環保，文字部分以相近色填充，以金色、銀色點綴，自然清新，同時更好地襯托小朋友作品。各板塊之間不設界限，與「大船」整體形象融合。（圖 3-6-63）

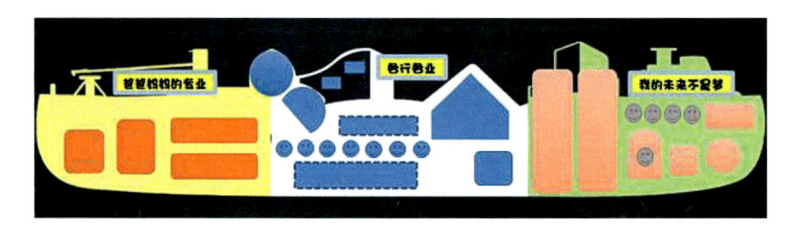

圖 3-6-63 設計草圖

## (三) 需求出發，回歸成長

主題網路調整後，在主題實施過程中根據本班小朋友發展水準將個別活動進行微調。例如科學記錄《色彩魔術師》，以三原色的色彩融合對於本班小朋友已過於熟悉失去挑戰為主，觀察記錄中的「猜想」與「驗證」失去意義，於是教師在試驗中添加三間色和黑白兩色，再次開展科學記錄活動，讓小朋友接受新的挑戰《跳起來摘桃子》。（圖 3-6-64）

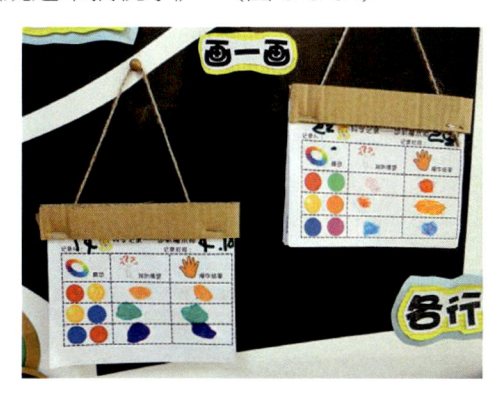

圖 3-6-64 色彩魔術師

為了讓「積木」搭建得更具特色，我們不僅僅拘泥於對原主題的接受與依附，而是允許一種任何兒童在班級裡都能全面參與的改變，讓主題牆「接地氣」，真正走近孩子的內心。

## 二、發展浸入式學習，一切盡是遊戲

兒童需要遊戲，斯賓塞說過孩子在快樂的時候，他學習任何東西都比較容易。教師在「堆積木」過程中持續為兒童提供「浸入式學習機會」，讓孩子「浸入」遊戲的海洋。（圖 3-6-65）

## 課堂六：幼稚園環境創設

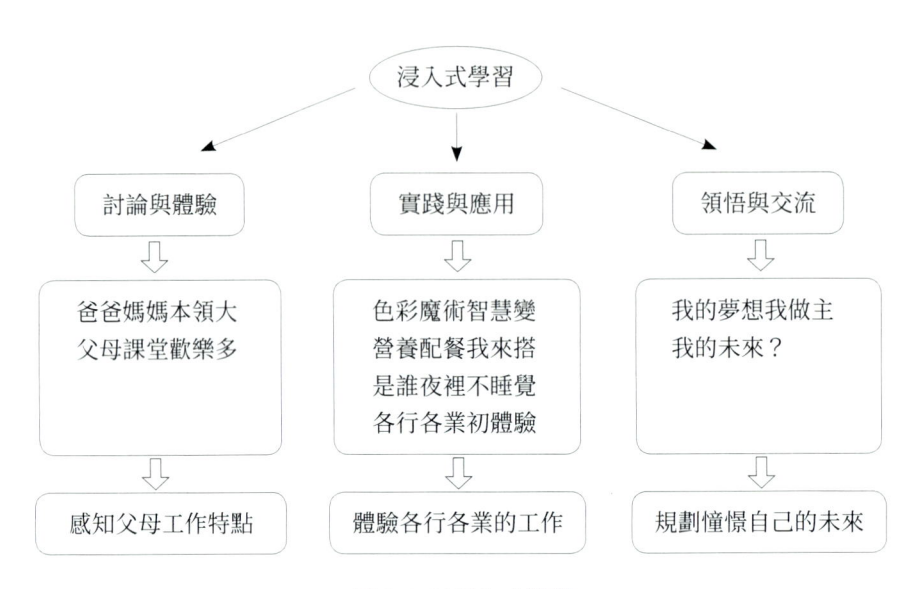

```
                    浸入式學習
            ↙          ↓          ↘
      討論與體驗    實踐與應用    領悟與交流
          ⇩            ⇩            ⇩
    ┌──────────┐  ┌──────────┐  ┌──────────┐
    │爸爸媽媽本領大│  │色彩魔術智慧變│  │我的夢想我做主│
    │父母課堂歡樂多│  │營養配餐我來搭│  │我的未來？  │
    │          │  │是誰夜裡不睡覺│  │          │
    │          │  │各行各業初體驗│  │          │
    └──────────┘  └──────────┘  └──────────┘
          ⇩            ⇩            ⇩
    ┌──────────┐  ┌──────────┐  ┌──────────┐
    │感知父母工作特點│ │體驗各行各業的工作│ │規劃憧憬自己的未來│
    └──────────┘  └──────────┘  └──────────┘
```

圖 3-6-65 浸入式學習

### (一)初調查細觀察

為小朋友搭建「浸入式」學習氛圍，首先有針對性地提出問題、觀察體驗，中班小朋友具象性思維表現最突出，在調查基礎上將我班與中四班長期合作發展的「父母課堂」系列活動與主題相結合，整合園內及班級家長資源，邀請各院系家長將所學、所長深入淺出地展示給孩子們：趣味英語、水果發電、神奇的石頭……一次次生動鮮活的家長代教活動讓孩子們近距離觀察父母職業行為來獲得具象的體驗，拓寬視野，真正體會父母努力工作養育自己的辛勞。（圖 3-6-66）

活動三：幼稚園主題牆設計

圖 3-6-66 各行各業初體驗

**(二)重體驗樂操作**

「色彩魔術智慧變」板塊中，同樣參考「堆積木」模式為小朋友提供猜想（彩色轉盤）—驗證（色彩觀察鏡）—領悟（記錄表）的支援，小朋友在遊戲中自覺建構色彩融合的相關經驗。（圖 3-6-67）

小朋友有了前期觀察體驗，能夠有意識地回味自己內心的感受。我們在牆面設計了「營養配餐我來搭」這一有趣的互動板塊，在學習常見膳食營養金字塔後，與時俱進地融入「中國兒童平衡膳食算盤」這一新理念，促使小朋友調動原有的經驗，聯繫當前實際，自己動手進行配餐。所有元素為小朋友繪畫作品構成，採用魔術貼固定方便取放，這種觸手可及的操作方式也成了「堆積木」模式的昇華。（圖 3-6-68）

## 課堂六：幼稚園環境創設

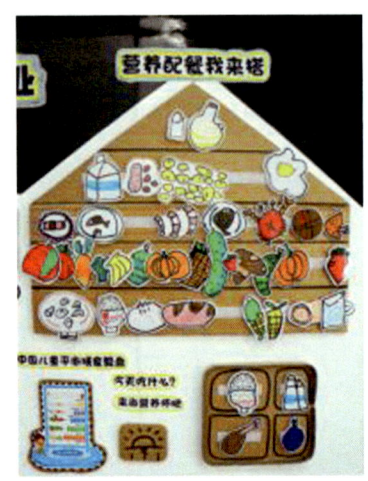

圖3-6-67色彩轉盤　　　　　圖3-6-68營養配餐我來搭

　　為了逐步擴大兒童社會體驗，進一步深化小朋友對職業的分類和辨析，教師盡力為小朋友提供特殊設施或材料，例如訪問體育館、蠶學宮、蝴蝶館等；與鄰班的班級和家長發展合作，活動區發展混齡串班遊戲，以「大帶小」的方式為小朋友遊戲提供額外的支援。

　　兒童是一切的中心，要想「積木」搭得好，還需以兒童為中心，開拓符合小朋友審美水準、重趣味多互動的創意展示形式，本次主題牆設計中彙集許多創意展示，例如相冊式展示調查表，每張可供單獨取放；小朋友自製彩色觀察器，以特殊方式「固定」在主題牆上，例如孔雀開屏般驚豔亮相，又可供小朋友隨時取下在周邊進行觀察活動；自製小書—我的夢想採取三種不同方式裝訂，均可供小朋友翻閱，同時展示了透過不同方式裝訂的圖書效果（圖3-6-69、圖3-6-70）；家長義工帶來的「多彩職業裝」，讓孩子們足不出戶體驗花樣人生……本次主題牆共包含八個內容，其中七個均可供小朋友與牆面互動遊戲，真正做到一面「開放的牆」「遊戲的牆」。（圖3-6-71）

活動三：幼稚園主題牆設計

圖3-6-69自製小書　　　　　　　　圖3-6-70自製小書

圖3-6-71全景

(三)促領悟盡暢想

最後，小朋友透過積累前期體驗與實踐經驗，對「爸爸媽媽的職業」已經有了較深入的了解，

此時讓小朋友立足於體驗過程中的感受，發揮想像力去描述未來，畫出自己的夢想。暢想未來的自己，與父母共同記錄，放進信封裡，封存在主題牆的慢遞盒中，作為原生課程的個性化替代和延伸，同時成為小朋友體驗昇華的一個信物和目標。（圖 3-6-72、圖 3-6-73）

圖3-6-72愛心慢遞　　　　　　　　圖3-6-73愛心慢遞

283

## 三、探尋創設策略，師生共同進步

主題牆的創設過程也是教師團隊思維碰撞，共同提升課程領導與執行力的過程，經歷了課程的「前審議—中實施—後反思」，我們探尋出以下幾點創設策略。

### (一)共性與個性兼顧

從小朋友的需求角度看，主題牆的內容既是他們學習的成果展示，也是利用「分享資訊」來實現自我價值，從而對小朋友自我效能感產生積極影響。本次主題牆創設，教師在活動牆的規劃設計時既保障素材有共性，也適度突出個性特點，如自製小書、親子調查表，創造共鳴和爭議，這些都有利於小朋友在交流中進一步展開學習。

### (二)自主與支援兼顧

從主題牆的參與程度看，「堆積木」不僅是教師在遊戲中支援小朋友的一種模式，更多的是小朋友在遊戲中建構自我經驗的行為模式。如主題最後旨在鼓勵小朋友大膽暢想未來，然而沒有到來的明天充滿未知，因此許多小朋友在記錄時給無法預知的未來打上問號，教師選擇尊重小朋友對未知的敬畏，將子板塊名稱改為「我的未來□□□」，為想像留白。

### (三)開放操作與展示收藏兼顧

主題牆創設可操作性強，深受孩子們喜歡，同時也意味著其中各個元素必須承受被多次更動，因此教師在前期預處理素材時儘量將調查表、小朋友作品等紙質素材進行塑封、裝訂，延長展示壽命，主題結束後及時放置至活動區，以實現讓小朋友作品走向「有價值的收藏」。

看著孩子們在與牆面的對話中或撥弄、或翻閱、或思考，沉浸在牆面遊戲中流連忘返，身為教師深刻體會了「在生活中學習，是小朋友最有效的學習方法」。輔助小朋友搭建基礎，支持小朋友彰顯特色，鼓勵小朋友享受遊戲，引導小朋友發現樂趣，層層疊疊的「積木」搭成了教師的智慧之

舟、孩子的夢想之舟、家園的和諧之舟，滿載著歡樂與希望，共同駛向燦爛的明天！

## 方案四：「謀」而後動，多元整合 —— 中班《我的安全我做主》主題牆設計方案

### 一、主題說明

讓小朋友遠離危險是我們共同的願望，讓小朋友學會自我保護，學會生存，才能更好地促使小朋友健康成長。本主題以保護小朋友生命，促進小朋友平安成長為出發點，發展「平平安安在家中」「安安全全玩遊戲」「安全標誌我知道」三個分主題的內容，從家中的安全、社會環境中的安全、活動中的安全等維度，利用多種活動對小朋友進行園內園外的安全教育，豐富小朋友的安全知識，提升小朋友的安全意識和自我保護能力。

### 二、主題目標

1. 觀察周圍環境中不安全的事物，了解避開危險、應對危險的基本知識，有初步的安全意識和自我保護能力。
2. 認識生活中常見的安全標誌，理解其意義和用途。
3. 願意與他人交談，願意透過繪畫、手工、遊戲等活動，發現或獲得安全知識資訊，豐富安全生活經驗。

### 三、創設規劃與過程

主題牆，是聯繫著我們和孩子的一面牆，應該與孩子們互相吸引、融合、參與、創造。我們都知道，遊戲是孩子學習的主要促進手段，我們也應該了解，兒童透過遊戲進行的學習，很大程度上會受到他們所在環境的影響。因此，為了更好地促進小朋友的學習與發展，教師應有目的地創設環

## 課堂六：幼稚園環境創設

境，為小朋友的學習提供鷹「架式」幫助。隨著時代的進步，教育觀念的不斷更新，主題牆不再是一面簡單的牆，作為幼稚園教育環境當中的重要一員，它所承載的教育使命日漸豐富、立體與多元起來。正所謂「兵馬未動，糧草先行」，要打造出高品質的主題牆環境，教師必須對我們所希望達到的目標有深入的理解，並且以兒童發展促進者的角色去創設豐富的環境，因此，「謀」而後動，成為我們打造主題牆的執行策略，做有準備的教育，先思考、規劃，有了骨架再填血肉，層層遞進，層層疊加地讓主題牆靈動起來，成為孩子們學習與發展中的一道亮麗的風景。

### （一）「謀」內容與目標，童趣而簡潔的呈現

主題牆內容源於教育教學計畫，主題牆的受眾是發展中的學齡兒童和關心教育的家長朋友。教師作為主題牆的設計者，在整個創設過程中必須是一個先行者，了解課程內容和指導方針，了解兒童的發展水準和興趣，甚至是班級教師自己的教育風格，因為它雖然是隱形的，但是從我們的教育行為中滲透出來會傳遞給我們教育的受眾者。

綜合以上因素，班級教師一起，結合教育教學實際，設計了中班「我的安全我做主」主題牆規劃圖，（圖 3-6-74）並結合設計圖思考了後期效果，包括顏色的搭配，每種物質的質地，可利用的空間以及操作密度等。

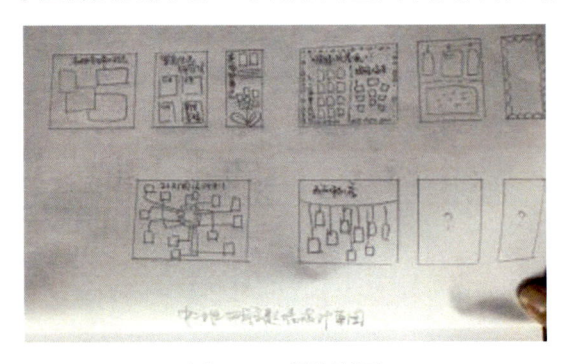

圖 3-6-74 規劃草圖

主題牆面對的物件不僅有孩子，也有家長，它可以幫助家長了解並理解

活動三：幼稚園主題牆設計

我們的教育教學活動。因此，主題名稱，主題說明，和主題網路，是主題牆內容呈現不可缺少的部分。但是家長和教師不同，他們更著重在這幾項內容中了解孩子們要學什麼，老師們要教什麼。所以，簡單明瞭是呈現的關鍵，因此，我們將目標濃縮為有初步的安全意識和自我保護能力；認識生活中常見的交通標誌和安全標誌，理解其意義和用途。在呈現的方式上，我們將主題名稱清晰明快地呈現出來，主題網路和主題說明採取了手繪風格的圖畫，顯得輕鬆又富有一定的童趣（圖 3-6-75）。特別是主題網路的分模組，結合內容設計相應的圖示，暗示著主題內容的相關領域，這看似很細小的設計，其實對於兒童來講非常重要。

圖 3-6-75 主題網路圖

### （二）「謀」以小朋友為主，參與主題牆的創設

在主題牆五大素養中，教育性排在第一位，小朋友是教育活動中的主體，讓孩子參與到主題牆的創設中來，能讓孩子對主題牆產生歸屬感。眾所周知，歸屬和愛是小朋友內心情感的體現，而內在情感是人整個生命的重要組成部分。兒童很喜歡在班級材料、活動照片，以及幼稚園使用的各種材料中去尋找自己的影子，因此，讓小朋友參與到主題牆的牆面創設中，是拉近牆與人之間距離的有效策略。在「平平安安在家中之小小偵察兵」模組中，孩子們要變身為小偵察兵，去尋找隱藏在家中的安全隱患，並要將自己的

## 課堂六：幼稚園環境創設

發現帶回幼稚園與大家交流。教師為小朋友提供了固定在牆上的檔袋，檔袋圖案以不同的水果進行區分，孩子們根據自己的喜好自主選擇擔任不同的水果兵，並用稚嫩的筆觸寫下自己的名字。檔袋上，漂亮的水果圖案召喚著屬於自己的小兵，鮮活的名字讓孩子們為自己的任務單找到了一個家（圖 3-6-76）。小朋友可以在檔袋裡尋找自己的偵察表，在與同伴分享後會按照標識把自己的任務單送回「家」。

圖 3-6-76 文件袋與姓名

既然有了積極的參與，接下來要充分地表達自己的思與悟便是順理成章的事情了。階段性的活動「提醒大家來注意」也應運而生，孩子們作圖呈現理念，教師運用文字說明表達，在師生互動中，一幅幅內容充盈、立意豐富、充滿童真童趣的作品就誕生了。當我們把作品呈現在牆面上，孩子們的學習軌跡便呈現在眼前。有的孩子以寫實的方法，將自己的所見真實地呈現出來，例如，客廳裡的玩具不要亂丟，可能會讓人摔倒。有的孩子經過前期的學習與觀察，已經可以預見可能存在的危險，並將之表達出來，例如「坐成年人的馬桶，小孩子要小心哦！」被馬桶沖走的畫面雖然誇張，但充滿了

無限的創意與童真,這幅作品也的確吸引了好多小朋友、老師以及家長的注意(圖3-6-77)。而還有一部分小朋友,在知道了什麼不能做、不去做之外,還會思考其中的原因,以作品「不能翻越陽臺」為例(圖3-6-78),數字1～12的呈現和加重的箭頭符號,都表現了孩子在思考這種行為的後果。

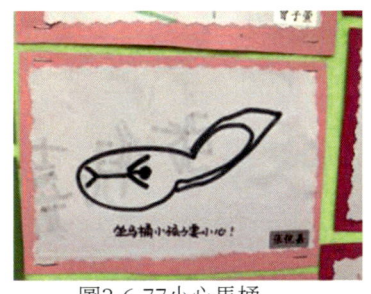

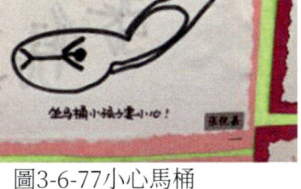

圖3-6-77小心馬桶　　圖3-6-78不要翻陽臺

### (三)「謀」主題牆創設中的遊戲元素與多元互動

「我的安全我做主」系列活動中,讓孩子們認識和了解安全標誌是其中一個比較重要的活動內容。一個充滿著科學性、規範性的內容,我們如何讓它動起來、活起來呢?

我們做了這樣的嘗試:在「安全標誌我知道」模組中,利用三維空間的理念,以分割式結構設計為主,結合課程推進,設計層層遞進的呈現方式。

第一層次,利用圖片結合文字的形式,簡明扼要地將各類標誌的主要構成元素提煉出來展示給小朋友,與課程相結合,讓小朋友了解安全標誌的分類及構成。

第二層次,以照片的形式呈現生活中正在使用的各類安全標誌,讓小朋友將課堂中學到的知識和經驗進行轉化,感覺課堂學習與自己的生活息息相關,標誌照片按第一層次的圖示進行分類,並設計成可取放的模式,小朋友可以抽選自己感興趣的標誌圖片進行觀察和表述,還能與第一層次的分解圖進行對照,部分小朋友還能夠結合圖示與同伴進行互問互答的遊戲模式。

第三個層次,我們將第一層次圖解中的底色、邊框、圖形、圖案分別羅

## 課堂六：幼稚園環境創設

列在護貝薄膜紙上，利用護貝薄膜的透明性，讓小朋友根據自己前期學習的經驗，透過動手操作，呈現出一個完整的標誌，既深化了對安全標誌的了解，又增添了了解過程中的趣味性，在孩子們不斷地觀察、組合、糾正和互檢互評中，他們對安全標誌的認識和理解也將本次學習活動推向置高點，主題牆就以這樣的方式活了起來。（圖 3-6-79、圖 3-6-80）

圖3-6-79安全標誌我知道　　圖3-6-80小朋友組合安全標誌

而我們的「謀」與「動」，並非那麼簡單。當孩子們動起來，教師又該如何「動」呢？教師是教育活動的引發者，我們不能被環境創設所束縛，當小朋友與環境互動時，教師需要透過一些方式支援兒童的學習。

首先，我們可以觀察小朋友，發現小朋友的興趣、個性和需求，結合以上因素幫助我們與兒童建立關係，選擇相關的材料和設計後續活動。孩子們說：「老師，其實遊樂場裡也有很多危險，要注意哦！」「老師，我覺得玩大型玩具也要注意保護自己！」「對啊，孩子們，我們不如來一次活動專門講一講怎麼樣『安安全全玩遊戲』。」在此基礎上，課程推進毫無阻礙。

其次，我們可以為活動中的小朋友提供鷹架支撐，促進小朋友發展，可以做示範，可以有開放式的提問，例如：安全標誌和禁止標誌有哪些不一樣？有哪些地方會發現這樣的標誌？我們還可以在哪些地方運用標誌？當孩子們自主設計的標誌被用在了寢室、樓道、花園等地方時，安全意識已經在他們小小的心靈裡生根發芽（圖 3-6-81）；可以有針對性地對孩子提供額外的資訊豐富孩子的知識背景。「老師，這些標誌都難不倒我了！」「是嗎？那你再

看看我這裡還有一些標誌你能看懂嗎？」甚至，有時候我們只需要成為他們活動中的一個玩伴。

圖 3-6-81 樓道標誌

多元互動應該是互動式的，當這面牆周圍的人動起來，「牆」才是真正的活起來了。

**（四）「謀」創設技法多元化，賦予主題牆藝術感和教育性**

環境是促進小朋友發展的重要媒介，主題牆作為幼稚園環境的重要組成部分，是豐富幼稚園教育環境、提升小朋友審美能力、促進小朋友審美發展的重要途徑，賦予主題牆藝術感，能更好地發揮主題牆的多元交互作用。

主題目標和主題網路以手繪風格的畫風呈現，讓主題牆充滿漫畫式的畫面感，吸引小朋友的注意力；以廢舊積木按一定模式排列做成的邊框，豐富了主題牆色彩，分隔了區域，孩子可以從對邊框的探究和已有經驗的運用中發現自己熟悉的模式，凹凸不平的觸感也刺激著幼兒進行觸摸體驗（圖 3-6-82）；可取放式紙相框，顏色亮麗、便於分類，可取放照片的便利設計讓小朋友操作起來非常簡單，既美化牆面又減少對操作材料的損耗；手帳月計畫圓形表格設計，讓小朋友在尋找自己的作品時，以時間圈為起點，按圖索驥，有走迷宮一樣的遊戲體驗，增強互動的趣味性（圖 3-6-83）。藝術的表

## 課堂六：幼稚園環境創設

現形式可以落在任何事物上面，看在學前教育人的眼裡，我認為還需要加上一個定語，那就是藝術呈現的形式應該是小朋友喜歡的、感興趣的、有趣味的形式。

圖3-6-82邊框　　　　　　　　　　圖3-6-83圓形表格

### 四、創設反思

境由心生，牆還是那面牆，只有圍繞著這面牆的人動起來，牆才能活起來，整個環境才能靈動起來。所以，這面牆不是阻礙，不是束縛，而是一片更為廣闊的夢想之田。我們大家一起來，和孩子們種花、種草、種春風，圓一場桃李之夢。

### 方案五：在調查中發現，在環境中成長 ── 中班《我的安全我做主》主題牆設計方案

### 一、主題說明

讓小朋友遠離危險、遠離傷害是我們共同的願望。「授人以魚，不如授人以漁」，讓小朋友學會自我保護，健康成長吧！本主題以保護小朋友生命，促進小朋友平安成長為出發點，發展「平平安安在家中」「交通標誌要牢記」「安安全全玩遊戲」三個主題內容，從家中的安全、社會環境中的安全、活動

中的安全等維度，利用多種活動對小朋友進行園內、園外的安全教育，豐富小朋友的安全知識，提升小朋友的安全意識和自我保護能力。

## 二、主題目標

1. 觀察周圍環境中不安全的事物，知道避開危險，具有初步的安全意識和自我保護意識。
2. 認識生活中常見的交通標誌和安全標誌，理解意義和用途。
3. 喜歡參加藝術活動，透過各種形式加深對交通工具、安全標誌、安全規則的認識，豐富經驗。

## 三、創設規劃

主題網路圖。

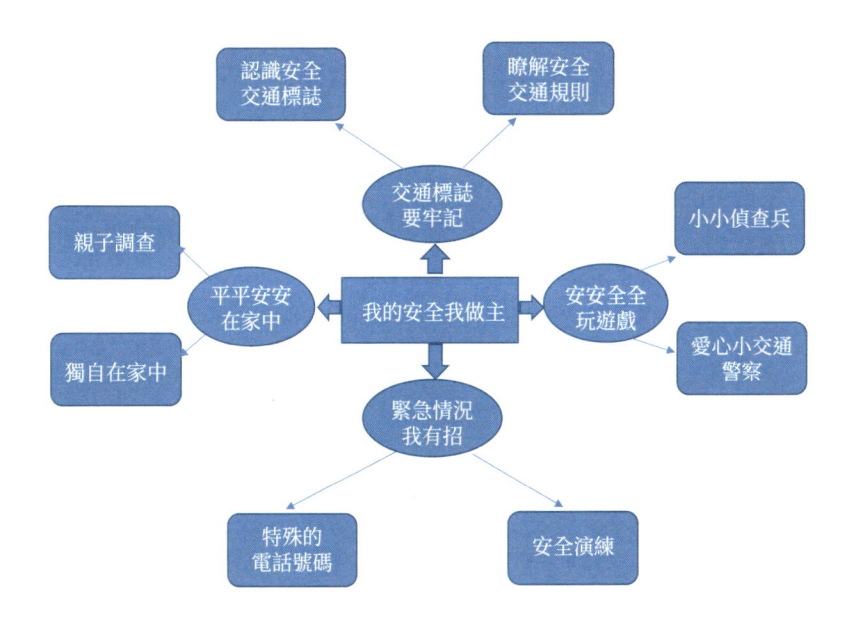

## 四、創設過程

環境是重要的教育資源，應與一定的教育目標和內容相關聯，透過創

## 課堂六：幼稚園環境創設

設和利用，有效促進小朋友的發展。主題牆環境作為一種「隱形課程」存在于小朋友的學習與生活中，既是教育的背景，也是教育的手段，更是教育的自身。

為了更好地發揮主題牆的教育功能，我們不僅要注意呈現方式的美觀和完整，更要重視內容的教育價值；不僅把主題牆作為小朋友學習、梳理、記錄活動經驗，回饋成長資訊的形式，更重視挖掘主題牆設計中的文化價值，創設並形成「牆壁」與課程，教師、小朋友和家長對話的互動文化。

### （一）讓調查成為主題牆環境創設的主線

面對中班《我的安全我做主》主題牆環境創設，我們首先從五大領域入手，設計出主題網路圖，選擇該主題下有價值的活動作為展示的內容，並根據班級場地等具體情況進行了一個整體設計與規劃。

本次主題活動以「調查」為主線，首先映入大家眼簾的是「安全調查大行動」的主題板塊，主要從三個方面展開調查，即：我知道的垃圾食品、家中的危險、馬路上的不安全因素。在健康領域「我知道的垃圾食品」中，孩子們像一個個小偵查員一樣走進了各大超市進行垃圾食品的調查。

透過調查，孩子們知道了更多的垃圾食品種類，如膨化食品類、油炸類、冷凍類、飲料類，等等，這些食品吃多了對人體有一定危害。（圖 3-6-85）接下來我們又生成了新的活動「一周食譜記錄」，透過對一周食譜的記錄，孩子們發現我們每天的食物有米飯、蔬菜、肉類、牛奶、雞蛋，等等，也知道多吃有營養的食物對身體好，同時還透過美工活動「膠泥變變變」，孩子們嘗試自己搭配健康餐。（圖 3-6-86）在「家中的危險」和「馬路上的不安全因素」調查中，孩子們以繪畫的形式將自己的發現記錄下來，並與班上的小朋友一起分享交流。（圖 3-6-87）

活動三：幼稚園主題牆設計

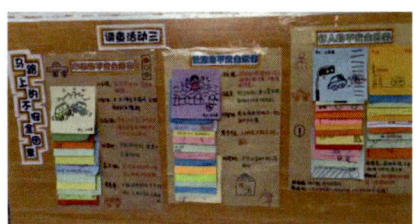

圖3-6-85親子調查　　圖3-6-86垃圾食品我不吃　　圖3-6-87馬路上的不安全因素調查

**（二）讓家長成為主題牆環境創設的資源發展主題牆設計活動要積極爭取家長的支持、幫助與配合，有效實現家園共育。**

主題活動一開始，我們就對家長做了一個熱點話題的徵集：

(1) 你希望幼稚園發展一些什麼樣的安全活動？

(2) 作為家長，你希望孩子了解/學習哪方面的安全知識？

(3) 你希望幼稚園開展哪些家長參與的安全活動？

另外，我們園方邀請了重慶市利民消防中心的警官來作消防知識培訓，由此，家長安全教育課堂正式開始了。（圖3-6-88）

在社會領域發展的活動「我身邊的安全標誌」中，家長們帶孩子尋找自己身邊、社區附近、社區的安全標誌，並用各種方式繪畫下來，目的是讓孩子們在日常的直觀觀察中更清楚地發現安全標誌隨處可見，為下一個活動「我來設計安全標誌」做一個知識經驗的準備。（圖3-6-89）

## 課堂六：幼稚園環境創設

圖3-6-88家長熱門話題徵集　　圖3-6-89繪畫交通標誌

### (三)讓小朋友成為主題牆環境創設的主人

陳鶴琴先生說過：「透過兒童的思想和雙手所布置的環境可使他們對環境中的事物更加認識、更加愛護。」因此在主題牆環境創設方面我們讓小朋友全程參與，成為環境創設的主人。如在語言領域，我們發展了活動「特殊的電話號碼」，透過情景表演，孩子們再次清楚地知道了電話號碼110、119的作用，並能用連貫的語言講述發生什麼事，快撥打電話等語句。……孩子們和老師一起將這個活動以可操作的形式呈現在了主題牆上，小朋友可邊操作邊講故事，立體性、啟發性、互動性都非常強。（圖3-6-90）

主題牆不僅能為小朋友提供表現自己、體驗成功的機會，而且還能使小朋友獲得的自信心遷移到其他方面。我們在藝術領域「創意角」展示了兩個部分。一個內容是「瓶蓋兒變變變」，小朋友將平時收集的瓶蓋做成了安全標誌。

在創作中，小朋友學會了用身邊的物品來代替工具進行作畫，如：大籃子可以用來畫大圓，透明膠輔助畫小圓，硬紙塊比著畫直線……；另一個就是「立體交通標誌」的製作，孩子們將製作的立體交通標誌送到建構區，搭建了「安全的馬路」，體現了區域之間的相容性。小朋友作品的展示使小朋友越來越自信，體驗到自我價值，從而產生積極的自我肯定。（圖3-6-91）

活動三：幼稚園主題牆設計

圖3-6-90特殊的電話號碼　　圖3-6-91瓶蓋兒變變變

### （四）讓圓角成為主題牆環境創設的拓展

　　基於小朋友學習特點和方式：小朋友的學習是以直接經驗為基礎，在遊戲和日常生活中進行的，足見，小朋友的學習是建立在感知、體驗、操作的基礎上，以遊戲為主要形式。而活動區活動很好地體現了這樣的學習方式，是小朋友非常喜歡的活動，因此，我們的主題環境創設當然也離不開區域背景牆飾。

　　本次我們重點選擇了兩個區域：小小建築師和嗒嗒響小舞臺（建構區和表演區）。

　　主題建構《安全的馬路》，目的就是讓小朋友將整個搭建內容用十字馬路來劃分板塊，有社區、公園、停車場、遊樂園，等等。孩子們透過討論用繪畫的形式先自己設計圖紙，並現場施工（搭建），在建構遊戲中，大家將自己自製的彩色馬路、立體交通標誌、小人等來豐富搭建的內容。在同一個主題中利用多種材料進行建構，形成不同的造型效果，讓小朋友的創造力、想像力、動手能力都得到了全面提升。（圖3-6-92、圖3-6-93）

　　「小小建築師」區域背景牆飾：我們將水管塗上顏色剪成一段一段的排成馬路狀，將我們的背景牆飾內容很自然的分成了三塊，即「我的設計圖紙」、「我們正在施工」以及模擬的「安全過馬路」，同時用各種立體圖形來展示小朋友的活動過程。這樣的呈現，使主題牆面更為整體化。（圖3-6-94）

## 課堂六：幼稚園環境創設

圖3-6-92、圖3-6-93現場施工、自製的彩色馬路、小人、交通標誌

圖3-6-94「小小建築師」全景

我們在表演區發展了遊戲「我是愛心小交通警察」，在圓角新增了關於交通方面的一些材料，如小交通警察服裝、自製紅綠燈、585路巴士車⋯⋯孩子們透過對交通指揮手勢的學習，為後期將要發展的遊戲做了很好的鋪墊。

孩子們在遊戲中，先合作搭建馬路、社區、停車場⋯⋯並將自製的各種立體交通標誌透過商量、討論擺放在了一定的位置，然後扮演各種角色—小交通警察、小司機、家長、孩子、行人。（圖3-6-95、圖3-6-96）

在此遊戲中，我們進一步理解了何為「區域遊戲中的深度學習」。表演區區域背景牆飾由於考慮司機、交通警察的職業涉及交通安全、生命安全，因此我們選用了各種小汽車造型作為主題背景，用以呈現小朋友作品及活動過程，主要呈現了以下兩個方面的內容：一是學一學，即學習交通指揮手勢；

二是玩一玩,玩愛心小交通警察的遊戲。(圖3-6-97)

圖3-6-95學習交通指揮手勢

圖3-6-96玩兒「我是愛心小交通警察」遊戲

圖3-6-97表演區全景

在本次主題牆的創設中,孩子們在調查中發現,在遊戲中體驗,在環境中成長。透過「我的安全我做主」,孩子們的安全意識明顯提高了,孩子們爭做安全文明小衛士,在今後的每一天,珍愛生命,健康成長!

## 六、創設反思

本學期我們園方各班在「主題牆環境創設我們在行動」的活動中,透過3+2+1的模式—三次深度培訓,兩次實地教研,一次分享交流,力爭做到「讓牆壁說話」「讓孩子與主題牆對話」「讓主題牆成為家園智慧的平臺」等,為此,幼稚園裡呈現了一幅幅生動多彩的主題教育「風景牆」,例如《我的安全我做主》主題牆創設。我關注小朋友的興趣點,創設與主題活動匹配、互動的主題牆,主要從以下幾方面著手。

### (一)突出主題網路

顧名思義,主題牆應突出主題,在設計思路上我們以「安全」為主題,構思網路圖,以「我」為基點,來拓展「安全」方面的活動,誕生出「安全調查大行動」「我是愛心小交通警察」等子主題。

在「我是愛心小交通警察」中新增添了交通方面的材料以及交通指揮手勢圖片,透過學一學、玩一玩,扮演各種角色,孩子們進一步了解交通安全標誌的作用,增強了交通安全意識,與教學主題相結合。

## 課堂六：幼稚園環境創設

### (二)體現課程層次

在突出主題的基礎上，透過一次次主題活動的發展，將各個領域的內容加以整合，主題牆的內容和目標也將得到層層的推進。

在「平平安安在家中」子主題中，親子調查內容逐步增加了「我知道的垃圾食品」「一周食譜統計」「我的發現以及我來搭配健康餐」等，隨著健康、美術、社會活動的發展，孩子們對垃圾食品有了更深入的了解，這樣的主題牆層層遞進，形象地記錄了課程的進展過程，使得主題牆的內容不斷豐富、深入和完善。

### (三)注重家園參與

主題牆的創設過程是一個師生互動、生生互動、家園互動的過程，不僅有教師、小朋友的參與，家長也是重要的合作夥伴。本次主題活動我們充分調動家長積極參與資料的搜集，提供與主題相關的圖片、照片、生活用品資料等，並為孩子們留出最大的空間，讓孩子們成為主題牆的主人，如「我的創意畫」「我設計的交通標誌」「我的設計圖」等，都是小朋友親手製作的板塊。豐富的主題牆環境，讓教師、小朋友、家長共同參與、共同感受、共同分享。

回顧本次創設活動，讓我真正了解了主題牆的意義與設計的關鍵點。主題牆面是重要的課程資源，必須使其具有知識性，這一點毋庸置疑，但其設計離不開趣味性，這是由小朋友年齡特點決定的，在牆面內容確定之後，還應增加情境性的設計，以體現教師對牆面的整理智慧。我將在今後的工作中認真做好主題牆的設計，為小朋友營造一個真正屬於孩子的牆面。

活動三：幼稚園主題牆設計

## 方案六：讓色彩在孩子心間綻放 —— 小班《五顏六色》主題牆設計方案

### 一、主題分析

前期經驗：孩子們生活在五顏六色的世界中，無論走到哪裡，他們最先得到的就是視覺感官體驗——「繽紛的色彩」，小班的孩子有的會用「紅色的」「黃色的」等詞彙對感知到的顏色進行表達，有的還會用和生活相關的顏色來表達，例如「番茄色」「香蕉色」等。

顏色對兒童發展的重要性無可替代。最近，國外有學者對 300 名嬰兒進行了長達 5 年的觀察和研究，結果表明：一個在五彩繽紛的環境中成長的孩子，其觀察、思維、記憶的發揮能力都高於普通色彩環境中長大的孩子。

《3-6 歲兒童學習與發展指南》也在 3-4 歲的發展期望中提到：能用簡單的線條和色彩大體畫出自己想畫的人或事物。

著名心理學家皮亞傑提出：「兒童的認知發展是在與周圍環境的互動中積極主動地建構的」。小朋友是活動的主人，更是幼稚園環境的主人，班級主題牆環境是幼稚園環境的重要組成部分，如何在主題實施的過程中為小朋友創設一個小朋友主動參與、共同製作、積極探索、發揮想像的牆面環境一直是我們在課程實施中探索的話題。

### 二、主題活動目標設定

（一）預設主題目標 —— 明確線索，凸顯脈絡基於對課程的理解和小朋友前期經驗的了解，經過研討預設主題目標如下。

1. 觀察、探索生活中各種事物的顏色，感知事物色彩的豐富性。
2. 有自己喜歡的顏色，能用色彩大膽創作，感受在此過程中的美感和成就感。
3. 能理解和複述簡短的故事，會說關於顏色的詞語。依據小班小朋友

# 課堂六：幼稚園環境創設

學習的特點—直觀、形象、操作，我們將主題逐層分解，形成具有遞進關係的二級主題進行推進。

(二) 預設分級目標 —— 層層遞進，多元參與

1. 生活中的顏色（感知與表達）
   (1) 對身邊多彩事物產生好奇，初步了解事物色彩的豐富性。
   (2) 樂意觀察春天的色彩，大膽講述自己的發現、感受。
2. 我喜歡的顏色（欣賞與表現）
   (1) 喜歡、欣賞美術作品中運用的色彩。
   (2) 樂於透過畫畫、塗色、黏貼等各種方式與顏色玩兒遊戲，進行創作。
3. 有趣的顏色（表現與創造）
   (1) 對顏色變化有好奇心，體驗顏色變化過程的樂趣。
   (2) 能動手操作、探究，用多種方法來感知顏色的變化。

## 三、主題網路的繪製

根據設定的目標，我們從以下三個維度思考、繪製了主題網路。

1. 整體性：整合五大領域活動，關注小朋友學習與發展的整體性。
2. 層次性：呈現具有層次、遞進關係的主題板塊。
3. 適宜性：適宜小班小朋友親身體驗、直接感知、實際操作獲取經驗的學習方式。

## 四、主題牆的創設

### (一) 主題牆的設計

1. 主題牆的設計原則：尊重小朋友、自然生成。小朋友是主題牆的主人，主題牆的創設應該尊重小朋友、順應小朋友發展的節奏，自然生成。我們期望在這一過程中，能讓色彩「活」起來，讓小朋友真

正感知色彩，與色彩互動，讓色彩在小朋友心間綻放。（圖 3-6-98）
2. 板塊設計：根據分析，我們將主題「五顏六色」分為三大板塊：生活中的顏色，我喜歡的顏色，有趣的顏色。（圖 3-6-99）
3. 邊框設計：圍繞主題以紅、黃、藍、綠為基調，色塊搭配清新自然，富有春天的氣息。
4. 顏色基調：紅、黃、藍、綠。

圖3-6-98主題牆全景　　圖3-6-99主題網路圖

**(二)主題牆的創設過程及實施**

主題牆的創設過程猶如初春到夏，從草的萌芽到花的繁華，五彩斑斕，在孩子的心間漸漸萌芽綻放。這一季踏來，若用三個關鍵字來概括，即「共生、順應、聯動」。

### 1. 共生

共生即小朋友、家長、教師共同生成這面牆。

小朋友是主體：主題牆的內容要適合本班小朋友的年齡特點，並考慮他們的興趣、能力、學習方式的差異。直觀、簡潔、鮮豔的色彩感知更適合他們，內容不宜過多、過雜。同時，小班主題牆要彰顯課程意義。

教師是主導：教師是關鍵，是引導者。教師要及時跟進、發現小朋友的興趣與發展水準，以此來推動主題牆的進展。

家長是支撐：家長的參與，不僅能增進親子關係，而且能推動主題發展。

## 課堂六：幼稚園環境創設

案例：《生活中的顏色》

方法（1）：問卷展示—認識生活中的顏色。

家長參與調查問卷：生活中有哪些顏色，並以剪貼、繪畫、照片等圖文方式呈現，孩子們在晨談活動中與同伴分享交流後，集中成冊展示在主題牆上，便於小朋友翻閱分享。

結合主題「五顏六色」，園內還組織了一場「童畫春天」親子繪畫活動，家長和孩子們參與其中，享受顏色帶來的無限美好。

方法（2）：色彩圖示＋數位記號＋啟發思維。（圖 3-6-110）

《好餓的毛毛蟲》牆面設計。這次，我們的牆面設計向立體化發展，同時深入推進課程，使小朋友真正成為環境的主人。小朋友從辨識色彩分類餵食毛毛蟲，到10以內數位餵食毛毛蟲，最後發展到既看色彩又看數位記號餵食毛毛蟲。小朋友在與毛毛蟲的「對話」中，**數數、分類**等多種思維得到發展。

圖 3-6-110《好餓的毛毛蟲》牆面

### 2. 順應

順應即順應孩子的發展節奏，順應孩子的興趣，順應孩子的想法與創意。老師會基於幼兒的發展和需要及時調整方法，促使主題更為深入。

**案例：《生活中的顏色》**

我們先利用照片展示生活中事物顏色的豐富性，讓孩子們在認知中自由

活動三：幼稚園主題牆設計

表達。當孩子熟悉之後，我們重新調整牆面的布置，將圖片展示調整為可以取放的相框。同時將與色彩關聯的蔬菜水果分類，並用圖示法暗含其中。孩子們可以選擇自己喜歡的照片對主題牆照片進行替換。替換過程中進行顏色、屬性的分類。新一輪的牆面改進，激發了小朋友的興趣、增強了他們的操作性。（圖 3-6-110）

圖 3-6-110《生活中的顏色》牆面

### 案例：《我喜歡的顏色》

組織孩子們喜歡的活動「蔬菜水果印畫」（圖 3-6-102）、「美麗的紙巾浸染」（圖 3-6-103），再欣賞蒙德里安的著名作品《紅黃藍的構成》。孩子們在活動中感受到作品的美感並得到啟發，從而引申出了另一個活動就是「色塊與線條隨想」（圖 3-6-104）。孩子們嘗試用紙條和色塊進行創意拼貼，製造重疊交錯的美感。

圖3-6-102蔬菜水果印畫牆面 　　圖3-6-103美麗的紙巾浸染牆面 　　圖3-6-104色塊與線條隨想牆面

在入園時，孩子們還會拉著家長前去欣賞自己的作品。從孩子們的行為

## 課堂六：幼稚園環境創設

中可以感受到他們的成就感和自豪感。

### 3. 聯動

聯動不僅僅是五大領域的聯動，亦是板塊與板塊之間、小朋友與牆面之間的聯動。隨著聯動，這面牆便是「活」的牆，富有生的氣息，能「與孩子對話」。

**案例：《蝸牛變變變》**

（1）一隻蝸牛爬爬爬，一爬爬到草莓上，「巴搭巴搭」吃掉它，變成一隻紅蝸牛。（圖 3-6-105）

我們將這樣的一首兒歌呈現在主題牆，其中的一部分做成了可自由抽取照片的相框，孩子們可替換照片並自己進行兒歌的自創自編。

圖 3-6-105 蝸牛變變變牆面

（2）《有趣的顏色》：這個活動主要是讓孩子們運用顏料加在水裡，混合其他顏色來變換色彩。這個活動由繪本故事《小藍和小黃》引申而來。設置「小藍和小黃」「顏色變變變」「會變色的水」三個環節。由最開始感知顏色的變化，到對兩種顏色混合後的變化產生好奇和興趣，再到自己嘗試操作實驗盡情體驗變色的現象，並在老師的引導下嘗試做簡單的變色記錄。

還可以在主題牆上設置一小塊音樂區（圖 3-6-106），孩子們可根據瓶子的顏色和樂曲色塊的顏色一一對應，敲出美妙的音樂。孩子們在感受顏色奧妙的同時，還可以欣賞到美妙的音樂。

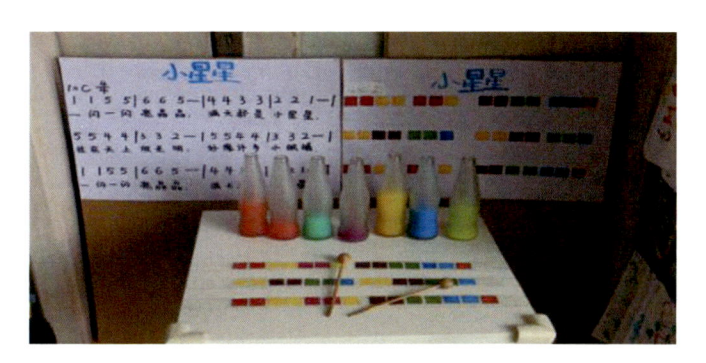

圖 3-6-106 音樂區

## 五、創設反思

### (一)主題牆不僅僅是「鏡子」

主題牆是主題得以順利發展的媒介，但它不僅僅如此。它承載著我們的教育意圖，因此我們要讓主題牆「活」起來，讓主題牆能引發小朋友獲得經驗上的提升、能力水準上的提高。

### (二)主題牆是「進行時」

主題牆布置的時間要與主題課程結合得很緊密，主題進行到哪裡，主題牆就應呈現出相應的內容。它是記錄小朋友活動過程和結果的載體，應始終是「進行時」。

### (三)小朋友是主題牆創設的主體

在主題進行中，應多與小朋友進行討論，結合小朋友的興趣、意願來布置主題牆，參與形式可以是個人也可以是小組。小朋友是一個能動的主體，讓孩子與主題牆積極互動起來，主動學習，獲得有益於身心發展的經驗與能力。

## 課堂六：幼稚園環境創設

### 方案七：小朋友動起來環境活起來 —— 小班《汽車開來了》主題牆設計方案

#### 一、主題說明

對於小班小朋友來說，認知來源於生活的經驗。車是他們生活中很熟悉的交通工具，他們會被汽車漂亮的顏色吸引，會好奇汽車是怎樣行駛的，會奇怪不同汽車的用途，甚至會去模仿汽車發出的聲音。

陳鶴琴先生曾說：兒童是在環境中透過真實物體和真情實景來解決問題和進行學習的，教師要創設一個自由的、豐富的、能滿足不同兒童需要的環境，讓兒童進行學習。

基於小朋友對汽車的濃厚興趣，結合小班小朋友的年齡特徵，我們透過設計「我認識的車」「我喜歡的車」「快樂小乘客」「我是汽車設計師」等一系列的活動來滿足小朋友探索的欲望，並以汽車為載體，讓小朋友知道遵守交通規則的重要性，養成良好的出行習慣。

#### 二、主題目標

我們透過實施活動內容，主要讓小朋友達到以下目標。

1. 幫助小朋友積極主動地從周圍環境中獲取汽車的相關資訊，了解車輛的外形、種類、聲音、功能、構造及用途等。
2. 願意在遊戲中聽辨、模仿汽車的不同聲音，用肢體動作、歌曲表達愉快的情緒，樂意用繪畫、黏貼、建構等方式動手製作喜歡的汽車。
3. 在遊戲的過程中學習簡單的交通規則以及乘車禮儀。

#### 三、創設規劃

環境創設是以主題發展為線索，配合區域活動有效達成目標。在發展主

## 活動三：幼稚園主題牆設計

題活動時，我們前期對主題活動進行了分析和篩選，並設計了網路圖。

```
                        汽車叭叭叭
          ┌───────────┬──────────┬───────────┐
       我認識的車    我喜歡的車   快樂小乘客   我是汽車設計師
          │           │            │            │
       *馬路上的車  *親子調查    *我知道的交通標誌  *親子製作
       *各種各樣的車 *黏貼小汽車  *我會唱的歌        *設計大比拼
       *洗車中心    *汽車大集合  *我會玩的遊戲
```

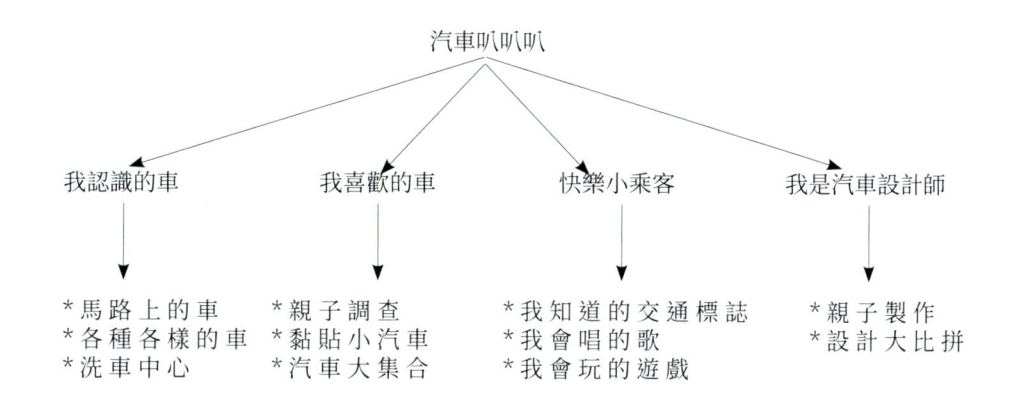

圖 3-6-107

在設計佈局時，我們以汽車為主線、灰色環形馬路為大背景，每個板塊都圍繞汽車來展開，透過小朋友的作品和發展的活動讓文本的課程轉化為活動的、便於小朋友理解的課程。對於小朋友來說，主題牆就是一本無須翻閱的大書，而對於家長來說，主題牆就是小朋友所學課程最生動形象的成果展示。（圖 3-6-108）

圖 3-6-108「汽車叭叭叭」創設全景圖

## 課堂六：幼稚園環境創設

## 四、創設過程

　　思路清晰了，行動起來才能有條不紊。在創設的過程中，根據設計的思路，我們緊緊圍繞「抓」「挖」「引」「呈」四個字來展開活動。就跟拔蘿蔔似的，先要抓住蘿蔔葉，再慢慢挖開周圍的泥土，然後順力把蘿蔔往外引，最後就能呈現出整顆蘿蔔。主題牆的創設也是如此，重點是抓住小朋友的興趣點，再根據興趣點去挖掘活動中對小朋友有價值的內容，並且引導家長積極參與，借助家園聯手共同呈現出讓小朋友喜愛的主題牆。

### （一）「抓」

　　抓住小朋友興趣點，創設符合小朋友「口味」的主題牆興趣是最好的老師。對於小班小朋友來說興趣尤為重要。在活動之初，我們和小朋友進行了多次散談式談話活動，談話核心是車，內容涉及廣泛。從小朋友熟悉的身邊事開始：上幼稚園坐什麼車？家裡的車誰開？知道些什麼車？什麼車發出什麼聲音？一起來模仿汽車的鳴笛聲音，等等。從小朋友的談話中我們了解了小朋友的認知範圍和興趣點，從而明確了從何下手去發展活動和創設主題牆。

　　例如：在布置主題牆大環境時，我們回憶起小朋友平時在玩汽車玩具時喜歡把牆壁、窗臺等地方當成馬路來行駛，這讓我們有了將馬路布置在牆上的構思，並將小朋友畫的各種車布置在馬路上，還使用了紅綠燈等交通標誌。

　　透過教師和小朋友的雙手將這些交通元素綜合展示在主題牆上，不僅美觀而且具有教育意義，深受小朋友喜愛。在進行「我喜歡的車」主題活動時，我們請小朋友將最喜歡的車帶到幼稚園來和小朋友一起進行一次汽車大集合，每個小朋友都介紹了自己喜歡的車的名字和一些特點、功能，還進行了汽車大互換遊戲，讓小朋友不但訓練了語言表達能力，知道了很多關於車的知識，還學分了分享與交流，小朋友非常有興趣。

我們再趁熱打鐵讓小朋友將自己喜歡的車透過繪畫的方式表現出來。透過前期的活動，孩子們在心中對於車的形象都有了比較深的印象和想法，畫出來的車沒有一個雷同，不管是簡單的一個框、兩個圈的環城車，還是比較複雜的吊車、消防車，都真實地表達了每個小朋友對喜歡的車的那份獨一無二的認知。所以將這些各具特色的車布置在主題牆上時，他們會很自豪地停駐在主題牆前與來往觀看的同伴分享自己的傑作。（圖3-6-109）

圖3-6-109「我是汽車設計師」小主題設計

(二)「挖」

挖掘活動有效價值，創設與課程融合的主題牆瑞吉歐認為：「環境生成課程，課程主題來源於小朋友與環境的互動作用。」所以我們在進行所選的活動內容時，不僅僅是蜻蜓點水似的只停留在做一些表面功夫，而是真正從小朋友出發，去挖掘對小朋友有益的活動價值讓小朋友真正受益。

例如在「快樂小乘客」部分，我們不光是在一日活動中透過說、玩、唱、演的日常遊戲來讓小朋友去學習乘車禮儀和安全知識，還請來了交通警察阿姨，專門為小朋友和家長們進行了一次深入的交通知識普及。在活動中，小朋友不僅透過影片遊戲學習了安全小知識，還透過「情景表演」「模擬小司機」「我是小交通警察」等多個參與性遊戲體會了安全乘車的重要性和如何做

## 課堂六：幼稚園環境創設

好文明小乘客。活動後借助家長資源讓家長和小朋友一起去尋找馬路上的標識，加深對標識和交通規則的認知，並布置在主題牆上，讓我們的主題牆更具有教育意義，也讓小朋友的印象更為深刻。（圖3-6-110、圖3-6-111）

圖3-6-110、圖3-6-111發展主題活動：快樂小乘客

### （三）「引」

引導家長主動參與，創設家園互動的主題牆《綱要》宣導幼稚園教育必須與家庭教育互相支持、互相配合，透過家園合作不僅能有效利用家長資源，同時也讓家長了解小朋友的學習過程，增進親子交流。在本月主題活動中，我們透過網路和電話及時與家長交流主題活動內容，請家長說明小朋友記錄，帶小朋友關注馬路上的車，尋找安全標識，用廢舊物品設計製作汽車。在環創中，我們將活動過程呈現出來，形成豐富的主題環境，不僅讓小朋友對主題內容的理解更加深入，也因為是自己與媽媽爸爸共同參與的，讓小朋友更加喜歡，願意主動去看看、翻翻、玩玩，與之互動，而不是創設好後就只是一個裝飾牆面。

### （四）「呈」

呈現活動全過程，創設會說話的主題牆蘇霍姆林斯基曾經說過，要「使學校的牆壁也能說話」。怎樣讓靜態的環境開口說話？從前期的「認一認」「玩

活動三：幼稚園主題牆設計

一玩」「畫一畫」，再到後期的「剪一剪」「貼一貼」「說一說」，整個活動的過程陸續透過老師、小朋友、家長的三方合力逐一呈現在主題牆上，這無一不是在讓我們的主題牆與小朋友對話。

例如在「我是汽車設計師」部分，孩子們透過與家長溝通合作，製作了自己設計的汽車，並將製作的過程展示在主題牆上，我們還將主題牆的一角布置成了立體的馬路供小朋友擺放設計作品。在這個區域小朋友是非常願意來互動的，不只是我們班的孩子喜歡，連隔壁班的小朋友也被深深吸引，常常停在那裡看看、玩玩不願離去。我們還讓小朋友自己根據馬路上的情況為馬路周圍畫上了一些裝飾，例如樹、花、等待過馬路的人，等等，讓小朋友與牆面互動，讓牆面與小朋友對話，讓我們的小朋友動起來，也讓主題牆「活」起來。（圖3-6-112、圖3-6-113）

圖3-6-112、圖3-6-113我與主題牆對話

透過豐富活動的呈現讓我們的汽車主題牆變成了一個靈動的整體。而主題活動的展開離不開區域活動的補充，所以在整個活動中，我們不光將主題活動呈現在主題牆上，還將其融入圓角，用區域遊戲渲染主題活動的氛圍。例如：在走廊一個角我們針對主題專門設計了一個小小停車場供小朋友玩車；在建構區我們新增了建構汽車的玩具供小朋友製作車；在美工區放置了半成

313

## 課堂六：幼稚園環境創設

品材料供小朋友黏貼製作；在閱讀區新增了關於汽車的繪本。讓小朋友全方位去感知與了解等等，讓我們的主題活動滲透到小朋友所在的每個角落。

《綱要》指出：環境是重要的教育資源，應透過環境創設和利用，有效促進小朋友的發展。所以在整個主題牆的布置中，我們充分調動了小朋友的主動性，抓住小朋友的興趣點，以小朋友為主，家園配合，讓孩子成為環境的主人，用環境與小朋友對話，讓小朋友真正地動起來，讓環境真正地「活」起來。

### 五、創設反思

透過四周的《汽車開來了》主題活動，小朋友關於車有了很多的收穫，認識了很多的車，知道了自己的玩具車是什麼車，同伴帶的車是什麼車，怎麼去安全乘車，等等。對汽車的種類、用途、分類、基本結構都有了一定的了解。當我們再談到有關汽車的話題時，他們的談話內容更豐富了。

在主題活動中，我們儘量創造寬鬆的環境，讓小朋友們進行交流，共同學習。讓小朋友在玩玩、畫畫、唱唱中去學會表達與交流。但是由於時間有限，關於汽車的探索我們還只有一些基本的認識，在一些細節上還沒有涉足，比如部分小朋友談到的汽車標誌。牆面小朋友的互動不夠豐富，操作性的環節有限，領域上的不完整，如數學領域的一些欠缺。這些都是我們需要改善的地方。

千里之行，始於足下。在每一次的實施中去總結，在每一次的總結中去發現，讓孩子的參與、教師的反思推動前進的車輪，讓主題活動與牆面都「活」起來，讓孩子真正地從中受益。

活動三：幼稚園主題牆設計　　○

# 幼稚園手工訓練與實踐

| 編　　著：張源，劉慶月 | **國家圖書館出版品預行編目資料** |
|---|---|

編　　著：張源，劉慶月
發 行 人：黃振庭
出 版 者：崧燁文化事業有限公司
發 行 者：崧燁文化事業有限公司
E-mail：sonbookservice@gmail.com
粉 絲 頁：https://www.facebook.com/sonbookss/
網　　址：https://sonbook.net/
地　　址：台北市中正區重慶南路一段六十一號八樓 815 室
Rm. 815, 8F., No.61, Sec. 1, Chongqing S. Rd., Zhongzheng Dist., Taipei City 100, Taiwan (R.O.C)
電　　話：(02)2370-3310
傳　　真：(02) 2388-1990
印　　刷：京峯彩色印刷有限公司（京峰數位）

**國家圖書館出版品預行編目資料**

幼稚園手工訓練與實踐 / 張源，劉慶月編著 . -- 第一版 . -- 臺北市：崧燁文化事業有限公司 , 2021.10
　面；　公分
POD 版
ISBN 978-986-516-876-6( 平裝 )
1. 學前教育 2. 勞作 3. 美術教育
523.23　　110016348

─ 版權聲明 ───────────────
本書版權為西南師範大學出版社所有授權崧博出版事業有限公司獨家發行電子書及繁體書繁體字版。若有其他相關權利及授權需求請與本公司聯繫。
未經書面許可，不得複製、發行。

定　　價：680 元
發行日期：2021 年 10 月第一版
◎本書以 POD 印製

電子書購買

臉書